Prof. Jürgen Werner

Die neue Vereinsbesteuerung

D1735523

Verlag des wissenschaftlichen Instituts
der Steuerberater GmbH
Berlin

Autor: **Prof. Jürgen Werner**

Titel: Die neue Vereinsbesteuerung

Herausgeber: Verlag des wissenschaftlichen Instituts der Steuerberater GmbH
                  Neue Promenade 4
                  10178 Berlin
                  Tel.: 030 / 28 88 56 73
                  Fax: 030 / 28 88 56 70
                  Internet: www.dws-verlag.de
                  E-Mail: info@dws-verlag.de

Gesamtherstellung: DCM • Druck Center Meckenheim GmbH & Co. KG,
                  www.druckcenter.de

ISBN: 978-3-933911-34-6

3. Auflage 2009

Vorwort

Durch das Gesetz zur Verbesserung und Vereinfachung der Vereinsbesteuerung wurde zum 1.1.1990 die Besteuerung der gemeinnützigen Vereine und anderer steuerbegünstigter Körperschaften durch die Einführung einer Besteuerungsgrenze und einer Zweckbetriebsgrenze bei den sportlichen Veranstaltungen von jeweils 60.000 DM erheblich vereinfacht und die Steuerlast gesenkt. Nach einer statistischen Erhebung im Jahre 1993 des Finanzministeriums Baden-Württemberg haben 87 % aller Vereine die Besteuerungsgrenze nicht überschritten und 10 % der Vereine blieben unter dem Körperschaftsteuerfreibetrag. Damit haben nur 3 % aller Vereine Körperschaft- und Gewerbesteuer bezahlt.

Bei dieser Erhebung ist allerdings nicht berücksichtigt worden, welchen erheblichen personellen und zeitlichen Aufwand im Rahmen von Steuergestaltungen viele Vereine schon damals tätigen mussten, um dieses günstige steuerliche Ergebnis zu erzielen. Der Druck auf die Vereine ist auf Grund der inflationsbedingten höheren Einnahmen in den Folgejahren noch weiter angestiegen und immer öfter wurden Forderungen nach einer Verbesserung der Vereinsbesteuerung laut.

Aber erst 17 Jahre nach Einführung der Besteuerungsgrenze hatte die Politik ein Einsehen und hat die Besteuerungs- und Zweckbetriebsgrenze um 14 % ! auf 35.000 € angehoben (die kummulierte Inflationsrate beträgt 34,2 %). Durch das Gesetz zur weiteren Stärkung des bürgerschaftlichen Engagements werden deshalb keineswegs die steuerlichen Probleme der Vereine gelöst. Die Vereinsbesteuerung ist weiterhin von einem Laien nicht durchschaubar und auch der steuerliche Berater muss sich in dieses „Steuersonderrecht" erst einarbeiten.

Die vorliegende Broschüre soll deshalb sowohl dem Berater als auch dem Vereinsfunktionär einen Einblick in dieses schwierige Rechtsgebiet eröffnen. Es werden aber nicht nur die zum 1.1.2007 in Kraft getretenen Neuregelungen dargestellt, sondern zahlreiche Steuergestaltungen, die dem Verein zur Steuerminderung oder Steuervermeidung verhelfen. Die Neuregelungen im Spendenrecht ergeben sich aus den in der Literaturübersicht genannten Merkblättern.

Inhaltsverzeichnis

Abkürzungsverzeichnis

A	Abschnitt
Abs.	Absatz
AEAO	Anwendungserlass zur Abgabenordnung
a. F.	alte Fassung
AfA	Absetzung für Abnutzung
AG	Aktiengesellschaft
AO	Abgabenordnung
AO-StB	AO-Steuerberater
Art.	Artikel
BFH	Bundesfinanzhof
BGB	Bürgerliches Gesetzbuch
BGBl.	Bundesgesetzblatt
BMF	Bundesministerium der Finanzen
BStBl.	Bundessteuerblatt
bzw.	beziehungsweise
d. h.	das heißt
DB	Der Betrieb
dgl.	dergleichen
DStR	Deutsches Steuerrecht
EStG	Einkommensteuergesetz
etc.	et cetera
e. V.	eingetragener Verein
evtl.	eventuell
EuGH	Europäischer Gerichtshof
FA	Finanzamt
ff.	folgende [Seiten]
GbR	Gesellschaft bürgerlichen Rechts
GdbR	Gesellschaft des bürgerlichen Rechts
GewSt	Gewerbesteuer
GewStG	Gewerbesteuergesetz
GewStR	Gewerbesteuerrichtlinien
ggf.	gegebenenfalls
GmbH	Gesellschaft mit beschränkter Haftung
i. d. R.	in der Regel
i. H. v.	in Höhe von
i. R. d.	im Rahmen des
i. S. d.	im Sinne des
i. V.	in Verbindung
KG	Kommanditgesellschaft

KSt	Körperschaftsteuer
KStG	Körperschaftsteuergesetz
KStR	Körperschaftsteuerrichtlinien
LStR	Lohnsteuerrichtlinien
Nr.	Nummer
OFD	Oberfinanzdirektion
o. g.	oben genannte
OHG	Offene Handelsgesellschaft
R	Richtlinie
S.	Seite
s.	siehe
s. u.	siehe unten
SGB	Sozialgesetzbuch
sog.	so genannt
Soli	Solidaritätszuschlag
stpfl.	steuerpflichtig
Tz.	Textziffer
v. H.	von Hundert
vgl.	vergleiche
u. a.	unter anderem
USt	Umsatzsteuer
UStDV	Umsatzsteuerdurchführungsverordnung
UStG	Umsatzsteuergesetz
UStR	Umsatzsteuerrichtlinien
usw.	und so weiter
z. B.	zum Beispiel

1 Einleitung

Vereine unterliegen wie andere Körperschaften mit ihren Einkünften und Umsätzen grundsätzlich der Körperschaft-, Gewerbe- und Umsatzsteuer. Das deutsche Steuerrecht gewährt jedoch für Vereine, die ausschließlich und unmittelbar gemeinnützige, mildtätige oder kirchliche Zwecke verfolgen, unter den Voraussetzungen der §§ 51 ff. AO zahlreiche Vergünstigungen. So sind steuerbegünstigte Vereine von der Körperschaftsteuer und Gewerbesteuer befreit, soweit sie keinen steuerpflichtigen wirtschaftlichen Geschäftsbetrieb unterhalten. Im Bereich der Umsatzsteuer gibt es zahlreiche Befreiungen und es ermäßigt sich der Umsatzsteuersatz für die im Vermögensverwaltungs- und Zweckbetriebsbereich erzielten Umsätze. Nebenberufliche Übungsleiter, Ausbilder und Erzieher, die für einen steuerbegünstigten Verein tätig sind, erhalten einen Freibetrag bei der Lohn- und Einkommensteuer i. H. v. 2.100 €. Weitere Vergünstigungen bestehen bei der Grund-, Lotterie- und Schenkungs-/Erbschaftsteuer.

Bereits diese kurze Übersicht zeigt, wie bedeutsam die Anerkennung als steuerbegünstigte Körperschaft für den Verein ist. Sie kann auch für seine Finanzierung von wesentlicher Bedeutung sein, da nur Spenden an steuerbegünstigte Vereine beim Spender steuerlich abziehbar sind und öffentliche Zuschüsse in der Regel nur an Vereine gewährt werden, die den Status der Steuerbegünstigung haben.

Durch das Gesetz zur weiteren Stärkung des bürgerschaftlichen Engagements wurde das Vereinssteuer- und Spendenrecht weiter vereinfacht und wesentlich verbessert (BGBl. 2007 I S. 2332). Die Regelungen traten größtenteils rückwirkend zum 1.1.2007 in Kraft. Insbesondere wurde die Besteuerungs- und die Zweckbetriebsgrenze auf 35.000 € angehoben, die Abzugsfähigkeit von Zuwendungen an steuerbegünstigte Körperschaften wird erheblich verbessert und die ehrenamtliche Tätigkeit noch mehr gefördert. Alle ehrenamtlich Tätigen können nun 500 € im Kalenderjahr pauschal vom Verein für ihre Tätigkeit ohne Nachweis steuerfrei erhalten (§ 3 Nr. 26a EStG).

Eine weitere Verbesserung der Besteuerung gemeinnütziger und nicht gemeinnütziger Vereine und Stiftungen ergibt sich durch das Dritte Mittelstandsentlastungsgesetz vom 17.3.2009 (BGBl. I S. 550). Rückwirkend zum 1.1.2009 wurden die Freibeträge bei der Körperschaft- und Gewerbesteuer auf einheitlich 5.000 € erhöht.

Hinweis:

Die nachfolgenden Ausführungen gelten aber nicht nur für Vereine. Alle Körperschaften i. S. d. § 1 Abs. 1 KStG können vom Finanzamt als steuerbegünstigt anerkannt werden, also insbesondere Stiftungen, aber auch GmbHs und AGs (vgl. § 51 Satz 2 AO).

2 Voraussetzungen der Steuerbegünstigung

2.1 Übersicht

Die Steuervergünstigungen können nur dann in Anspruch genommen werden, wenn die Körperschaft vom Finanzamt durch Freistellungsbescheid oder vorläufige Gemeinnützigkeitsbescheinigung bei Neugründung als steuerbegünstigt anerkannt worden ist.

Für die Anerkennung der Steuerbegünstigung sind einige Anforderungen zu erfüllen, die im Nachfolgenden dargestellt werden:

- Steuerbegünstigter Zweck §§ 52, 53, 54 AO
  - o Gemeinnützige Zwecke
  - o Mildtätige Zwecke
  - o Kirchliche Zwecke
- Förderung der Allgemeinheit § 52 AO
- Selbstlosigkeit § 55 AO
- Ausschließlichkeit § 56 AO
- Unmittelbarkeit § 57 AO
- Satzung §§ 59 – 61 AO

2.2 Gemeinnützige Zwecke

Gemäß § 52 AO verfolgt eine Körperschaft gemeinnützige Zwecke, wenn ihre Tätigkeit darauf gerichtet ist, die Allgemeinheit auf materiellem, geistigem oder sittlichem Gebiet selbstlos zu fördern.

Die gemeinnützigen Zwecke sind nun in § 52 Abs. 2 AO (abschließend) normiert. Der Gesetzgeber hat allerdings ein kleines Schlupfloch gelassen. Die Finanzministerien der Länder können eine Finanzbehörde bestimmen, die neue gemeinnützige Zwecke zulassen kann (§ 52 Abs. 2 Satz 2, 3 AO). Mit dieser Regelung verabschiedet sich der Gesetzgeber von einem einheitlichen Steuerrecht in Deutschland. Neue gemeinnützige Zwecke, die in einem Bundesland anerkannt werden, werden dann möglicherweise in anderen Bundesländern nicht akzeptiert. Dieses führt insbesondere bei bundesweit tätigen Verbänden zu unlösbaren Problemen.

Trotz der abschließenden Regelung kann auch weiterhin die Rechtsprechung des BFH zu den Freizeitzwecken des § 52 Abs. 2 Nr. 4 AO a. F. angewandt werden. Der BFH hat in seinem Urteil vom 14.9.1994 (BStBl. II 1995 S. 499) entschieden, dass auch Freizeitaktivitäten, die mit denen des § 52 Abs. 2 Nr. 4 AO a. F. (jetzt § 52 Abs. 2 Nr. 23 AO) identisch sind, als gemeinnützig anzuerkennen sind. Es reicht aber nicht aus, dass die Freizeitaktivität sinnvoll und einer der Tätigkeiten in § 52 Abs. 2 Nr. 4 AO ähnlich sind. So hat der BFH den Bau und den Betrieb von Schiffs-, Auto-, Eisenbahn- und Drachenflugmodellen als identisch mit der Förderung des Modellflugs, das CB-Funken mit dem Amateurfunken als identisch angesehen. Nicht gemeinnützig sind Freizeitaktivitäten wie Brett- oder Kartenspiele (Ausnahme: Schach), Kochen, das Sammeln von Gegenständen (z. B. Briefmarken) oder Reise- und Touristikaktivitäten (vgl. AEAO zu § 52 Nr. 9).

§ 52 Abs. 2 AO wurde wie folgt gefasst:

(2) Unter den Voraussetzungen des Absatzes 1 sind als Förderung der Allgemeinheit anzuerkennen:

1. die Förderung von Wissenschaft und Forschung;

2. die Förderung der Religion;

3. die Förderung des öffentlichen Gesundheitswesens und der öffentlichen Gesundheitspflege, insbesondere die Verhütung und Bekämpfung von übertragbaren Krankheiten, auch durch Krankenhäuser im Sinne des § 67 der Abgabenordnung, und von Tierseuchen;

4. die Förderung der Jugend- und der Altenhilfe;

5. die Förderung von Kunst und Kultur;

6. die Förderung des Denkmalschutzes und der Denkmalpflege;

7. die Förderung der Erziehung, Volks- und Berufsbildung einschließlich der Studentenhilfe;

8. die Förderung des Naturschutzes und der Landschaftspflege im Sinne des Bundesnaturschutzgesetzes und der Naturschutzgesetze der Länder, des Umweltschutzes, des Küstenschutzes und des Hochwasserschutzes;

9. die Förderung des Wohlfahrtswesens, insbesondere der Zwecke der amtlich anerkannten Verbände der freien Wohlfahrtspflege

(§ 23 UStDV), ihrer Unterverbände und ihrer angeschlossenen Einrichtungen und Anstalten;

10. die Förderung der Hilfe für politisch, rassisch oder religiös Verfolgte, für Flüchtlinge, Vertriebene, Aussiedler, Spätaussiedler, Kriegsopfer, Kriegshinterbliebene, Kriegsbeschädigte und Kriegsgefangene, Zivilbeschädigte und Behinderte sowie Hilfe für Opfer von Straftaten; Förderung des Andenkens an Verfolgte, Kriegs- und Katastrophenopfer; Förderung des Suchdienstes für Vermisste;

11. die Förderung der Rettung aus Lebensgefahr;

12. die Förderung des Feuer-, Arbeits-, Katastrophen- und Zivilschutzes sowie der Unfallverhütung;

13. die Förderung internationaler Gesinnung, der Toleranz auf allen Gebieten der Kultur und des Völkerverständigungsgedankens;

14. die Förderung des Tierschutzes;

15. die Förderung der Entwicklungszusammenarbeit;

16. die Förderung von Verbraucherberatung und Verbraucherschutz;

17. die Förderung der Fürsorge für Strafgefangene und ehemalige Strafgefangene;

18. die Förderung der Gleichberechtigung von Männern und Frauen;

19. die Förderung des Schutzes von Ehe und Familie;

20. die Förderung der Kriminalprävention;

21. die Förderung des Sports (Schach gilt als Sport);

22. die Förderung der Heimatpflege und Heimatkunde;

23. die Förderung der Tierzucht, der Pflanzenzucht, der Kleingärtnerei, des traditionellen Brauchtums, einschließlich des Karnevals, der Fastnacht und des Faschings, der Soldaten- und Reservistenbetreuung, des Amateurfunkens, des Modellflugs und des Hundesports;

24. die Förderung des demokratischen Staatswesens im Geltungsbereich dieses Gesetzes; hierzu gehören nicht Bestrebungen, die nur bestimmte Einzelinteressen staatsbürgerlicher Art verfolgen oder die auf den kommunalpolitischen Bereich beschränkt sind;

25. die Förderung des bürgerschaftlichen Engagements zugunsten gemeinnütziger, mildtätiger oder kirchlicher Zwecke.

2.3 Mildtätige Zwecke

Mildtätig i. S. d. Steuerrechts sind solche Zwecke, die selbstlos und unmittelbar darauf gerichtet sind, solche Personen zu unterstützen, die infolge ihres körperlichen oder geistigen Zustandes oder ihrer persönlichen wirtschaftlichen Lage der Hilfe bedürfen. Das Gesetz unterscheidet zwischen der persönlichen Hilfsbedürftigkeit (§ 53 Nr. 1 AO) und der wirtschaftlichen Hilfsbedürftigkeit (§ 53 Nr. 2 AO).

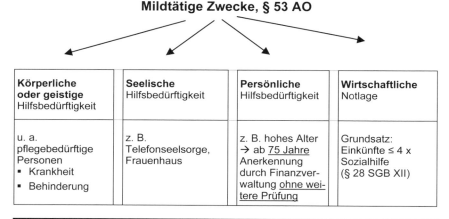

Mildtätige Zwecke, § 53 AO

Körperliche oder geistige Hilfsbedürftigkeit	**Seelische** Hilfsbedürftigkeit	**Persönliche** Hilfsbedürftigkeit	**Wirtschaftliche** Notlage
u. a. pflegebedürftige Personen • Krankheit • Behinderung	z. B. Telefonseelsorge, Frauenhaus	z. B. hohes Alter → ab <u>75 Jahre</u> Anerkennung durch Finanzverwaltung <u>ohne weitere Prüfung</u>	Grundsatz: Einkünfte ≤ 4 x Sozialhilfe (§ 28 SGB XII)

GRUNDSATZ: AUSNAHMSLOS Förderung Hilfsbedürftiger

AUSNAHME: Einrichtungen der Wohlfahrtspflege → $^2/_3$ genügen

Es kommt nicht darauf an, dass die Hilfsbedürftigkeit dauernd oder für längere Zeit besteht. Lediglich im Zeitpunkt der Hilfeleistung muss auch Hilfsbedürftigkeit vorliegen. Somit ist auch die Gestellung von Pflegekräften bei vorübergehender Krankheit, der Fahrdienst für Kranke und Behinderte und die Begleitung von hilfsbedürftigen Personen bei Einkäufen und Behördengängen als mildtätiges Wirken anzusehen.

§ 53 AO setzt nicht die Förderung der Allgemeinheit voraus, deshalb kann sich die Förderung auf einen fest abgeschlossenen und gegebenenfalls auch kleinen Personenkreis beschränken. Die Hilfsbedürftigkeit ist ausschließlich nach § 53 Nr. 1 und 2 AO zu bestimmen. Die an den begünstigten Personenkreis erbrachten Leistungen müssen nicht völlig unentgeltlich erbracht werden, sie dürfen aber nicht nur wegen des

Entgelts erfolgen und das geleistete Entgelt muss unter den Selbstkosten liegen (BFH vom 24.7.1996, BStBl. II 1996 S. 583).

Mildtätigen Zwecken können z. B. dienen: Wohltätigkeitsvereine, Stiftungen, Betriebe, Anstalten und Verwaltungen, die persönlich oder wirtschaftlich hilfsbedürftige Personen betreuen oder in Katastrophenfällen helfen. Mildtätige Zwecke sind insbesondere: Mahlzeitendienste, Krankenpflege, Altenpflege, Erholung und Regeneration sowie Behindertenfürsorge.

Zu den Personen, die wegen körperlicher oder geistiger Hilfsbedürftigkeit i. S. d. § 53 Nr. 1 AO angesprochen sind, zählen unter anderem pflegebedürftige Personen. Dies sind solche Personen, die infolge von Krankheit oder Behinderung so hilflos sind, dass sie nicht ohne Hilfe und Pflege sein können.

Seelische Hilfsbedürftigkeit ist z. B. bei der Telefonseelsorge gegeben, aber auch bei Einrichtungen zur Hilfe und zum Schutz misshandelter Personen wie etwa Frauenhäuser.

Persönliche Hilfsbedürftigkeit kann z. B. begründet sein durch hohes Alter. Personen, die das 75. Lebensjahr vollendet haben, werden von der Finanzverwaltung ohne weitere Nachprüfung als persönlich hilfsbedürftig anerkannt (AEAO zu § 53 Nr. 4). Bei der persönlichen Hilfsbedürftigkeit kommt es nicht auf die wirtschaftliche Lage der betroffenen Person an (BFH vom 2.12.1955, BStBl. III 1956 S. 22), allerdings muss die Maßnahme, die der notleidenden Person Hilfe gewähren soll, auch für deren Lage geeignet sein. Geldzuwendungen können nur dann in Betracht kommen, wenn die unterstützte Person auch wirtschaftlich hilfsbedürftig ist.

Nach § 53 Nr. 2 AO können Personen unterstützt werden, die sich in einer wirtschaftlichen Notlage befinden. Personen befinden sich in einer Notlage, wenn ihre Einkünfte und Bezüge nicht das Vierfache des Regelsatzes der Sozialhilfe i. S. d. § 28 SBG XII übersteigen. Bei Alleinstehenden oder Haushaltsvorständen tritt an die Stelle des Vierfachen das Fünffache des Regelsatzes. Dabei sind etwaige Zuschläge aufgrund eines Mehrbedarfs, z. B. wegen Erwerbsunfähigkeit, Schwangerschaft oder Blindheit nicht zu beachten, auch ist die Mietbeihilfe nicht zu berücksichtigen. Der Regelsatz der Sozialhilfe wurde ab 1.10.2007 erstmals einheitlich für alle Bundesländer auf der Grundlage des § 28 SGB XII festgesetzt.

Ein Überschreiten der Einkunftsgrenze ist unschädlich bei Personen, die aus besonderen Gründen in eine Notlage geraten sind (§ 53 Nr. 2 Satz 3 AO).

Wirtschaftliche Hilfsbedürftigkeit ist nach § 53 Nr. 2 Satz 2 AO dann nicht gegeben, wenn die zu unterstützenden Personen eigenes Vermögen besitzen, das zur nachhaltigen Verbesserung ihres Unterhalts ausreicht, und es zugemutet werden kann, dieses für den Lebensunterhalt zu verwenden. Auf das Vermögen werden nicht Erinnerungswerte, Hausrat, Hausgrundstücke, die die Person bewohnt, und solche Vermögensgegenstände, deren Veräußerung eine Verschleuderung bedeuten würde, angerechnet.

Eine mildtätige Körperschaft muss sich im Falle einer entsprechenden Leistungserbringung von der Hilfsbedürftigkeit der zu unterstützenden Person überzeugen, da die Anerkennung als mildtätig erfordert, dass sich die Körperschaft ausnahmslos um Personen kümmert, die als hilfsbedürftig anzuerkennen sind. Ausnahmen gibt es nur bei Einrichtungen der Wohlfahrtspflege wie z. B. Altenheimen, Pflegeheimen und Mahlzeitendiensten. Bei diesen genügt es nach § 66 Abs. 3 AO und § 68 Nr. 1a AO, wenn die Leistungen mindestens zu 2/3 hilfsbedürftigen Personen zugute kommen.

2.4   Kirchliche Zwecke

Nach § 54 Abs. 1 AO verfolgt eine Körperschaft kirchliche Zwecke, wenn ihre Tätigkeit darauf gerichtet ist, eine Religionsgemeinschaft, die Körperschaft des öffentlichen Rechts ist, ausschließlich und unmittelbar selbstlos zu fördern. Religionsgemeinschaften des öffentlichen Rechts sind z. B. die evangelische oder katholische Kirche in ihrer Erscheinung als Landeskirche, Bistum oder Pfarrgemeinde, die jüdischen Synagogengemeinden und andere kirchliche Gemeinschaften, die als Körperschaft des öffentlichen Rechts anerkannt sind.

Da Religionsgemeinschaften des öffentlichen Rechts nicht steuerpflichtig sind, hat die Befreiungsvorschrift des § 54 AO im Wesentlichen Bedeutung für Betriebe gewerblicher Art dieser Religionsgemeinschaften und für andere Körperschaften, die mit ihrer Tätigkeit eine öffentlich-rechtliche Religionsgemeinschaft fördern. Einen kirchlichen Zweck verfolgen z. B. Kirchenbauvereine, Orgelbauvereine, kirchliche Stiftungen, Missionsgesellschaften oder kirchliche Versorgungskassen. In der Durchführung von Kirchenbesichtigungen und Kirchturmbesteigungen liegt keine unmittelbare Förderung kirchlicher Zwecke.

Religionsgemeinschaften des Privatrechts verfolgen mit ihren eigenen religiösen Zielen keine kirchlichen Zwecke (BFH vom 6.6.1951, BStBl. III 1951 S. 148). Diese Religionsgemeinschaften, Sekten und Weltanschauungsgemeinschaften, die nicht Körperschaften des öffentlichen Rechts sind, können deshalb nur wegen Förderung der Religion gemeinnützig sein.

Eine kirchliche Tätigkeit kann auch im Ausland ausgeübt werden, z. B. bei einer Mission.

§ 54 Abs. 2 AO enthält eine Aufzählung einzelner kirchlicher Zwecke. Dies sind:

- die Errichtung, Ausschmückung und Unterhaltung von Gotteshäusern und kirchlichen Gemeindehäusern;
- die Abhaltung von Gottesdiensten;
- die Ausbildung von Geistlichen;
- die Erteilung von Religionsunterricht;
- die Beerdigung und die Pflege des Andenkens der Toten;
- die Verwaltung des Kirchenvermögens, die Besoldung der Geistlichen, Kirchenbeamten und Kirchendienern, die Alters- und Behindertenversorgung für diese Personen und die Versorgung ihrer Witwen und Waisen.

2.5 Förderung der Allgemeinheit

Ein gemeinnütziger Verein fördert die Allgemeinheit nur dann, wenn der Beitritt zum Verein allen Interessenten rechtlich und tatsächlich offen steht. Vereine, die nur Angehörige einer Familie, eines bestimmten Unternehmens oder Bewohner eines Stadtteils aufnehmen, sind nicht gemeinnützig. Ein genereller Ausschluss von Ausländern wäre ebenfalls nicht zulässig. Keine unzulässige Beschränkung liegt jedoch vor, wenn zum Beispiel ein Sportverein wegen Überbelegung der Sportstätten eine (vorübergehende) Aufnahmesperre verfügt.

Achtung:

Keine Beschränkung durch zu hohe Beiträge, Aufnahmegebühren und Umlagen.

Durchschnittliche Jahresbeiträge bis 1.023 € und Aufnahmegebühren bis 1.534 € werden von der Finanzverwaltung noch anerkannt (AEAO zu § 52 Nr. 1.1). Zusätzlich kann der Verein gemeinnützigkeitsunschädlich eine Investitionsumlage bis zu 5.113 € je Mitglied verlangen, wenn das Mitglied die Umlage auf 10 Jahresraten verteilen kann. Die Umlage darf nur zur Finanzierung von konkreten Investitionsvorhaben und zur Tilgung von Darlehen verwendet werden. Darlehen, die Mitglieder dem Verein im Zusammenhang mit der Aufnahme gewähren, sind nicht als zusätzliche Aufnahmegebühren zu erfassen. Wird das Darlehen zinslos oder zu einem ermäßigten Zinssatz gewährt, ist der jährliche Zinsverzicht als zusätzlicher Mitgliedsbeitrag zu berücksichtigen. Dabei kann typisierend ein üblicher Zinssatz von 5,5 % angenommen werden.

Aufwendungen für den Erwerb von Gesellschaftsanteilen einer KG mit Ausnahme des Agios sind nicht als zusätzliche Aufnahmegebühren zu behandeln, weil insoweit nur eine Vermögensumschichtung vorliegt (BFH vom 23.7.2003, BStBl. II 2005 S. 443). Die Finanzverwaltung ist in ihrem Schreiben vom 19.5.2005 (BStBl. I S. 786) der Rechtsauffassung des BFH gefolgt und hat entgegenstehende Weisungen im Anwendungserlass gestrichen. Nach Auffassung der Finanzverwaltung kann allerdings ein Sportverein mangels Unmittelbarkeit dann nicht als gemeinnützig behandelt werden, wenn die Mitglieder die Sportanlagen des Vereins nur bei Erwerb einer Nutzungsberechtigung von einer neben dem Verein bestehenden KG nutzen dürfen.

Hinweis:

Die Satzungen der meisten Vereine geben dem Vorstand die Befugnis, Beitrittswillige ohne Angabe von Gründen abzuweisen. Diese Bestimmung beeinträchtigt die Gemeinnützigkeit nicht, wenn eine Ablehnung nur vereinzelt geschieht und die Ablehnung in der Person des Antragstellers (Querulant, Unruhestifter) begründet ist.

Der BFH hat in seinem Urteil vom 20.12.2006 (DStR 2007, S. 438) die Auffassung vertreten, dass auch die Bewohner oder Angehörigen eines ausländischen Staates oder einer Stadt im Ausland Allgemeinheit im Sinne des § 52 AO sein können. Der BFH hatte zuvor dem EuGH die Frage vorgelegt, ob eine in Italien errichtete gemeinnützige Stiftung aufgrund des EG-vertraglichen Diskriminierungsverbotes mit einer im Inland errichteten gemeinnützigen Stiftung gleichzustellen ist (Fall Walter Stauffer). Die Frage war insbesondere im Hinblick auf die Steuerbefreiung des § 5 Abs. 1 Nr. 9 KStG von Belang, von der bis 2008 beschränkt körperschaftsteuerpflichtige Körperschaften auch dann ausgeschlossen waren, wenn sie i. S. d. deutschen Gemeinnützigkeitsvorschriften tätig sind (Änderung des § 5 Abs. 2 KStG d. d. JStG 2009).

Der EuGH hat erwartungsgemäß entschieden, dass eine ausländische (EU-) Körperschaft, die die deutschen Vorschriften über die Steuerbefreiung erfüllt, wie eine deutsche steuerbefreite Körperschaft behandelt werden muss (EuGH vom 14.9.2006, DStRE 2006, S. 1304). Nach diesem Urteil können deshalb auch ausländische Körperschaften die Steuerbefreiung in Anspruch nehmen und die Allgemeinheit kann deshalb auch im Ausland gefördert werden.

Durch das Jahressteuergesetz 2009 wurde aufgrund des o. g. Urteils in § 51 Abs. 2 AO geregelt, dass Allgemeinheit nur die natürlichen Personen sind, die ihren Wohnsitz oder ihren gewöhnlichen Aufenthalt im Inland haben. Die Allgemeinheit soll als Ausnahmeregelung aber auch gefördert werden, wenn „die Tätigkeit der Körperschaft neben der Verwirklichung der steuerbegünstigten Zwecke auch zum Ansehen der Bundesrepublik Deutschland im Ausland beitragen kann". Ob diese Regelung vor dem EuGH Bestand haben wird, ist zweifelhaft.

2.6 Selbstlosigkeit

Der gemeinnützige Verein darf nicht in erster Linie eigenwirtschaftliche Zwecke – zum Beispiel gewerbliche Zwecke oder sonstige Erwerbszwecke – verfolgen.

Eine wirtschaftliche Betätigung zur Verbesserung der Finanzlage des Vereins (zum Beispiel Vereinsgaststätte) ist jedoch unschädlich, wenn sie sich nicht zur Haupttätigkeit des Vereins entwickelt.

Die Mittel des Vereins dürfen nur für satzungsmäßige Zwecke verwendet werden. Insbesondere dürfen die steuerbegünstigten Vereine ihren Mitgliedern keine Zuwendungen in ihrer Eigenschaft als Mitglieder machen. Es dürfen beispielsweise keine Überschüsse des Vereins als Gewinnanteile an die Mitglieder ausgeschüttet werden. Dies schließt jedoch nicht aus, dass aufgrund von Verträgen Vergütungen für gewährte oder erbrachte Leistungen gezahlt werden.

Mittelbeschaffung und Mittelverwendung

Mittelbeschaffung	Mittelverwendung
Gemeinnütziger Verein darf nicht primär eigenwirtschaftliche Zwecke verfolgen.	Nur für satzungsmäßige Zwecke. **Keine** Zuwendung an Mitglieder in ihrer Eigenschaft als Mitglieder.
aber:	**aber:**
Wirtschaftliche Betätigung zur Verbesserung der Finanzen unschädlich, solange sie sich nicht zur Haupttätigkeit des Vereins entwickelt.	Ausgaben i. R. d. Mitgliedschaftsverhältnisses zulässig, wenn i. R. d. allgemein Üblichen, z. B. Freibier, Vereinsausflug (AEAO zu § 55 Nr. 3)

Ausgaben für Mitglieder im Rahmen des Mitgliedschaftsverhältnisses (z. B. Freibier, Vereinsausflug etc.) gefährden die Gemeinnützigkeit nicht, wenn die Zuwendungen im Rahmen der Betreuung von Mitgliedern allgemein üblich sind (AEAO zu § 55 Nr. 10). Die Finanzverwaltung beanstandet es nicht, wenn die Zuwendungen 40 € im Kalenderjahr nicht übersteigen. Diese 40 €-Grenze kann sowohl für Aufwendungen aufgrund von Vereinsveranstaltungen (Vereinsausflug, Weihnachtsfeier etc.) als auch zusätzlich für Zuwendungen aus persönlichen Anlässen des Mitglieds (Heirat, Geburtstag, Jubiläum etc.) gewährt werden. Für Zuwendungen aus persönlichem Anlass kann die 40 €-Grenze mehrmals (für jeden Anlass getrennt) ausgeschöpft werden. In besonderen Ausnahmefällen (Verabschiedung eines langjährigen Funktionärs) kann die 40 €-Grenze auch einmal überschritten werden.

Der 40 €-Grenze unterliegen nicht Aufwendungen für einen Kranz eines verstorbenen Mitglieds sowie Zuwendungen bei Sport- oder Konzertreisen. Auch ist die 40 €-Grenze nicht anzuwenden bei echten Leistungsbeziehungen zwischen Verein und Mitglied (z. B. Sportler, Übungsleiter, Vorstand, Platzwart etc.).

2.7   Ausschließlichkeit

Nach den §§ 51, 56 AO müssen steuerbegünstigte Vereine ihre förderungswürdigen Zwecke ausschließlich verfolgen. Dies bedeutet jedoch nicht, dass überhaupt keine wirtschaftlichen Geschäftsbetriebe unterhalten werden dürfen; diese müssen jedoch von untergeordneter Bedeutung sein.

 Achtung:

In der Satzung dürfen jedoch nur steuerbegünstigte Zwecke als Ziele des Vereins enthalten sein. Formulierungen wie „Förderung der Geselligkeit" gehören deshalb nicht in die Satzung.

Der BFH hat zwar in seinem Beschluss vom 14.7.2004 (DStR 2004, S. 1644) entschieden, dass die Begriffe „ausschließlich" und „unmittelbar" nicht in der Satzung einer gemeinnützigen Körperschaft genannt zu werden brauchen. Es reiche aus, wenn aus der Satzung nichts Gegenteiliges entnommen werden könne. Ausschlaggebend sei, dass die aufgeführten Zielsetzungen keinen begründeten Zweifel daran ließen, dass sie der Verwirklichung des steuerbegünstigten Zwecks dienen. Das BMF hat in seinem Schreiben vom 20.9.2005 (DStR 2005, S. 1732) dieser Auffassung nicht zugestimmt und angeordnet, dass diesem Beschluss allgemein nicht zu folgen sei. Die Begriffe „ausschließlich" und „unmittelbar" sollten deshalb weiterhin in die Satzung aufgenommen werden.

2.8   Unmittelbarkeit

Gemäß § 57 AO muss der gemeinnützige Verein seine steuerbegünstigten Ziele selbst verwirklichen. Dies schließt nicht aus, dass sich der
Verein Hilfspersonen bedient oder seine Mittel teilweise anderen steuerbegünstigten Körperschaften für deren steuerbegünstigte Zwecke
überlässt (zum Beispiel Spende an einen anderen gemeinnützigen
Verein).

Nach § 58 Nr. 1 AO werden auch reine Fördervereine und Spenden-
sammelvereine bei Vorliegen bestimmter Voraussetzungen als gemeinnützig anerkannt, wenn sie satzungsmäßig und tatsächlich Mittel
für die Verwirklichung steuerbegünstigter Zwecke anderer Körperschaften beschaffen.

Hinweis:

In der Satzung muss aber eindeutig zum Ausdruck kommen, dass
der Verein nur Mittel zur Weitergabe für steuerbegünstigte Zwecke
sammelt (AEAO zu § 58 Nr. 1).

2.9   Mittelverwendung

Der Verein hat die ihm zur Verfügung stehenden Mittel und Sachwerte
für seine satzungsmäßigen Zwecke einzusetzen (§ 55 Abs. 1 Nr. 1
AO). Die Herkunft der Mittel spielt dabei keine Rolle: Der Verein muss
Beiträge, Spenden, Zinsen, Miet- und Pachterträge, Gewinne aus Betrieben, Einrichtungen und Veranstaltungen grundsätzlich zeitnah für
seine Zweckaufgaben verwenden.

Achtung:

Mittel des steuerbegünstigten Bereichs (Ideeller Bereich und Zweckbetriebe) dürfen nicht für den nicht begünstigten Bereich (Vermögensverwaltung und steuerpflichtige wirtschaftliche Geschäftsbetriebe) verwendet werden.

Für den Ausgleich von Verlusten im steuerpflichtigen wirtschaftlichen Geschäftsbetrieb gilt folgende Regelung:

Die Finanzverwaltung sah es bisher als unschädlich an, wenn der Ausgleich von Verlusten mit Mitteln des steuerbegünstigten Bereichs nur gelegentlich geschah und der Ausgleich von Verlusten auf anderem Wege ernsthaft versucht wurde (AEAO zu § 55 Abs. 1 Nr. 1, Nr. 8 a. F.).

Aufgrund des BFH-Urteils vom 13.11.1996 (HFR 1997 S. 210), in dem der BFH seine frühere Rechtsprechung (BFH vom 2.10.1968, BStBl. II 1969 S. 43) aufgegeben hat, erließ die Finanzverwaltung neue Anweisungen zum Ausgleich von Verlusten bei steuerbegünstigten Körperschaften (BMF vom 19.10.1998, BStBl. I S. 1423 = AEAO zu § 55 Tz. 5 ff.). In diesem BMF-Schreiben ist folgendes geregelt:

Da die Ergebnisse verschiedener steuerpflichtiger wirtschaftlicher Geschäftsbetriebe nach § 64 Abs. 2 AO zusammengerechnet werden, liegt eine gemeinnützigkeitsschädliche Mittelverwendung nicht vor, wenn im Verlustentstehungsjahr der Verlust mit Gewinnen aus anderen steuerpflichtigen wirtschaftlichen Geschäftsbetrieben verrechnet werden kann. Verbleibt nach dieser Verrechnung noch ein Verlust, ist keine Verwendung von Mitteln des ideellen Bereichs anzunehmen, wenn dem ideellen Bereich in den letzten sechs vorangegangenen Jahren Gewinne des einheitlichen steuerpflichtigen wirtschaftlichen Geschäftsbetriebs in mindestens gleicher Höhe zugeführt worden sind.

Sind die Verluste ausschließlich durch Abschreibungen entstanden, so wirkt sich dies gemeinnützigkeitsschädlich aus, wenn das Wirtschaftsgut ausschließlich dem steuerpflichtigen wirtschaftlichen Geschäftsbetrieb dient.

Werden Wirtschaftsgüter sowohl im ideellen Bereich als auch im steuerpflichtigen wirtschaftlichen Geschäftsbetrieb (gemischt genutztes Wirtschaftsgut) genutzt, ist dies gemeinnützigkeitsunschädlich, wenn

- ein für den ideellen Bereich angeschafftes oder hergestelltes Wirtschaftsgut zur besseren Kapazitätsauslastung und Mittelbeschaffung teil- oder zeitweise für einen steuerpflichtigen wirtschaftlichen Geschäftsbetrieb genutzt wird. Die Körperschaft darf nicht schon im Hinblick auf eine zeit- oder teilweise Nutzung für den steuerpflichtigen wirtschaftlichen Geschäftsbetrieb ein größeres Wirtschaftsgut angeschafft oder hergestellt haben, als es für die ideelle Tätigkeit notwendig war,
- die Körperschaft für die Leistungen des steuerpflichtigen wirtschaftlichen Geschäftsbetriebs marktübliche Preise verlangt und
- der steuerpflichtige wirtschaftliche Geschäftsbetrieb keinen eigenständigen Sektor eines Gebäudes (z. B. Gaststättenbetrieb in einer Sporthalle) bildet.

Der Ausgleich eines Verlustes ist außerdem unschädlich für die Gemeinnützigkeit, wenn

- der Verlust auf einer Fehlkalkulation beruht,
- die Körperschaft bis zum Ende des dem Verlustentstehungsjahr folgenden Wirtschaftsjahres dem ideellen Tätigkeitsbereich wieder Mittel in entsprechender Höhe zuführt und
- die wieder zugeführten Mittel weder aus Zweckbetrieben oder dem Bereich der steuerbegünstigten Vermögensverwaltung noch aus Beiträgen oder anderen Zuwendungen, die zur Förderung der steuerbegünstigten Zwecke der Körperschaft bestimmt sind, stammen.

Die Zuführungen zu dem ideellen Bereich können demnach aus dem Gewinn des einheitlichen steuerpflichtigen wirtschaftlichen Geschäftsbetriebs, der in dem Jahr nach der Entstehung des Verlustes erzielt wird, geleistet werden. Außerdem dürfen für den Ausgleich des Verlustes Umlagen und Zuschüsse der Mitglieder, die dafür bestimmt sind, verwendet werden. Derartige Zuwendungen sind jedoch nicht als Spenden abziehbar.

Bei dem Aufbau eines neuen Betriebes ist eine Verwendung von Mitteln des ideellen Bereichs für den Ausgleich von Verlusten auch dann unschädlich für die Gemeinnützigkeit, wenn mit Anlaufverlusten zu rechnen war. In diesem Fall muss die Körperschaft aber i. d. R. innerhalb von drei Jahren nach dem Ende des Entstehungsjahres des Verlustes dem ideellen Bereich wieder Mittel, die gemeinnützigkeitsunschädlich dafür verwendet werden dürfen, zuführen.

2.10 Rücklagenbildung

Gemeinnützige Vereine sind verpflichtet, ihre finanziellen Mittel zeitnah für die gemeinnützigen Zwecke zu verwenden. Dies bedeutet, dass Überschüsse bereits im nächsten Jahr in voller Höhe für die steuerbegünstigten Zwecke zu verwenden sind. Das Ansammeln von Mitteln (Rücklagenbildung) ist nur in bestimmten Ausnahmefällen zulässig:

- Bis zu einem Drittel des jährlichen Überschusses aus der Vermögensverwaltung können einer freien Rücklage zugeführt werden und ab 2000 darüber hinaus bis zu 10 % der sonstigen zeitnah zu verwendenden Mittel (§ 58 Nr. 7a AO). Mittel i. S. d. Vorschrift sind die Überschüsse bzw. Gewinne aus steuerpflichtigen wirtschaftlichen Geschäftsbetrieben und Zweckbetrieben und die Bruttoeinnahmen aus dem Ideellen Bereich (AEAO zu § 58 Nr. 7, Nr. 14).
- Nach § 58 Nr. 6 AO darf eine so genannte Investitionsrücklage für bestimmte Vorhaben im steuerbegünstigten Bereich gebildet werden, für deren Durchführung bereits konkrete Zeitvorstellungen bestehen (zum Beispiel Errichtung oder Erweiterung von Sportanlagen).
- Für periodisch wiederkehrende Ausgaben (zum Beispiel Löhne, Gehälter, Mieten) ist in Höhe des Mittelbedarfs für eine angemessene Zeitperiode eine so genannte Betriebsmittelrücklage zulässig.
- Für die Renovierung oder Erweiterung von steuerpflichtigen wirtschaftlichen Geschäftsbetrieben (zum Beispiel Vereinsgaststätte) kann ebenfalls eine Rücklage gebildet werden. Diese Rücklage mindert den Gewinn jedoch nicht. Sie ist vielmehr vom Gewinn nach Steuern zu bilden.
- Erbschaften und Vermächtnisse sowie Schenkungen, bei denen der Schenker ausdrücklich erklärt, dass die Schenkung zur Erhöhung des Vermögens bestimmt ist, unterliegen auch nicht der zeitnahen Mittelverwendung. Ebenso besondere Spendensammelaktionen zur Erhöhung des Vermögens (§ 58 Nr. 11 AO).

- Eine Stiftung kann im Jahr ihrer Errichtung und in den zwei folgenden Kalenderjahren Überschüsse aus der Vermögensverwaltung und die Gewinne aus den wirtschaftlichen Geschäftsbetrieben ganz oder teilweise ihrem Vermögen zuführen (§ 58 Nr. 12 AO).

 Hinweis:

Hat ein Verein Mittel angesammelt, ohne dass die o. g. Voraussetzungen vorliegen, so kann das Finanzamt ihm eine Frist für die Verwendung der Mittel setzen (§ 63 Abs. 4 AO). Die Frist beträgt zwischen 3 und 5 Jahren. Werden die Mittel innerhalb dieser Frist für steuerbegünstigte Zwecke verwendet, verliert der Verein nicht die Steuerbegünstigung.

2.11 Satzung

Die steuerliche Anerkennung der Gemeinnützigkeit setzt nicht nur voraus, dass der Verein tatsächlich gemeinnützige Zwecke verfolgt, sondern er muss dies auch in seiner Satzung festlegen (§ 60 AO). In der Satzung muss vor allem zum Ausdruck kommen,

- dass der Verein ausschließlich und unmittelbar gemeinnützige Zwecke selbstlos verfolgt, wobei diese im Einzelnen aufzuführen sind;
- dass die Mittel des Vereins nur für satzungsmäßige Zwecke verwendet werden und die Mitglieder keine Gewinnanteile und in ihrer Eigenschaft als Mitglieder auch keine sonstigen Zuwendungen aus Mitteln des Vereins erhalten;
- dass der Verein keine Person durch Ausgaben, die dem Zweck des Vereins fremd sind, oder durch unverhältnismäßig hohe Vergütungen begünstigt,
- dass bei Auflösung oder Aufhebung des Vereins oder bei Wegfall seines bisherigen Zwecks das Vermögen nur für steuerbegünstigte Zwecke verwendet werden darf (Grundsatz der Vermögensbindung).

In der Satzung muss die Beschreibung des Zwecks einschließlich der vorgesehenen Mittel zum Zweck so eindeutig sein, dass ohne weitere Erklärung erkennbar ist, ob der Verein eine steuerbegünstigte Zielsetzung hat und wie diese verwirklicht werden soll.

Wegen ihrer großen Bedeutung für die Steuervergünstigung einer Körperschaft ist deren Satzung vor der erstmaligen, vorläufigen Anerkennung der Steuervergünstigung, sorgfältig zu prüfen. Wird eine vorläufige Bescheinigung über die Gemeinnützigkeit erteilt oder die Steuervergünstigung anerkannt, bei einer späteren Überprüfung der Körperschaft aber festgestellt, dass die Satzung doch nicht den Anforderungen des Gemeinnützigkeitsrechts genügt, dürfen aus Vertrauensschutzgründen hieraus keine nachteiligen Folgerungen für die Vergangenheit gezogen werden. Die Körperschaft ist trotz der fehlerhaften Satzung für abgelaufene Veranlagungszeiträume und für das Kalenderjahr, in dem die Satzung beanstandet wird, als steuerbegünstigt zu behandeln. Dies gilt nicht, wenn bei der tatsächlichen Geschäftsführung gegen Vorschriften des Gemeinnützigkeitsrechts verstoßen wurde. Die Vertreter der Körperschaft sind aufzufordern, die zu beanstandenden Teile der Satzung in einer angemessenen Frist zu ändern. Dem Verein soll dabei i. d. R. eine Beschlussfassung in der nächsten ordentlichen Mitgliederversammlung ermöglicht werden.

Der Vertrauensschutz gilt auch nicht, wenn die Körperschaft die Satzung geändert hat und eine geänderte Satzungsvorschrift zu beanstanden ist (BMF vom 17.11.2004, BStBl. I S. 1059).

2.12 Mustersatzung (steuerlicher Teil)

§ 1 Name, Sitz, Geschäftsjahr

(1) Der Verein führt den Namen „Sportverein Musterstadt". Er soll in das Vereinsregister beim Amtsgericht Musterstadt eingetragen werden. Nach der Eintragung führt er den Namenszusatz „eingetragener Verein".

(2) Er hat seinen Sitz in Musterstadt und verfolgt ausschließlich und unmittelbar gemeinnützige Zwecke im Sinne des Abschnitts „Steuerbegünstigte Zwecke" der Abgabenordnung.

§ 2 Zweck des Vereins

(1) Der Verein setzt sich die Aufgabe, den Sport zu pflegen und zu fördern.

(2) Der Satzungszweck wird verwirklicht durch den Bau und die Unterhaltung von Sportanlagen und die Förderung sportlicher Betätigung und sportlicher Leistung.

(3) Die Körperschaft ist selbstlos tätig; sie verfolgt nicht in erster Linie eigenwirtschaftliche Zwecke. Mittel der Körperschaft dürfen nur für die satzungsmäßigen Zwecke verwendet werden. Die Mitglieder erhalten keine Zuwendungen aus den Mitteln der Körperschaft. Es darf keine Person durch Ausgaben, die dem Zweck der Körperschaft fremd sind, oder durch unverhältnismäßig hohe Vergütungen begünstigt werden.

§ x Auflösung und Aufhebung des Vereins

(1) Die Auflösung des Vereins kann nur erfolgen, wenn …

(2) Bei Auflösung oder Aufhebung der Körperschaft oder bei Wegfall steuerbegünstigter Zwecke fällt das Vermögen der Körperschaft an … (Körperschaft des öffentlichen Rechts oder steuerbegünstigte Körperschaft), die es ausschließlich und unmittelbar für mildtätige, kirchliche oder gemeinnützige Zwecke zu verwenden hat.

oder:

(3) Bei Auflösung oder Aufhebung der Körperschaft oder bei Wegfall steuerbegünstigter Zwecke fällt das Vermögen der Körperschaft an eine Körperschaft des öffentlichen Rechts oder eine andere steuerbegünstigte Körperschaft zwecks Verwendung für … (z. B. sportliche Zwecke i. S. d. § 52 Abs. 2 Nr. 21 AO).

Nicht mehr zulässig ist folgende Formulierung:

„Bei Auflösung des Vereins oder bei Wegfall steuerbegünstigter Zwecke ist das nach Erfüllung aller Verbindlichkeiten verbleibende Vermögen der Gemeinde Musterstadt zu übergeben, die es bis zu 5 Jahren treuhänderisch für einen am Ort neu zu gründenden gemeinnützigen Sportverein zu verwalten hat. Nach Ablauf dieser Frist ist die Gemeinde Musterstadt berechtigt, das Vermögen ausschließlich und unmittelbar für gemeinnützige, sportliche Zwecke zu verwenden."

„Die Festlegung einer sog. treuhänderischen Übertragung genügt nicht den Anforderungen an die satzungsmäßige Vermögensbindung. Eine Satzungsbestimmung mit dem Inhalt, dass das verbleibende Vermögen einer anderen Körperschaft zur „treuhänderischen Verwaltung" übergeben wird, ist deshalb nicht zulässig" (OFD Chemnitz vom 17.8.2005, AO-StB 2005, S. 287).

Achtung:

Ab 2007 auch nicht mehr zulässig durch Streichung des § 61 Abs. 2 AO:

„Bei Auflösung des Vereins oder bei Wegfall steuerbegünstigte Zwecke ist das Vermögen zu steuerbegünstigten Zwecken zu verwenden. Beschlüsse über die Verwendung des Vermögens dürfen nur nach Einwilligung des Finanzamts ausgeführt werden."

Diese nicht mehr zulässige Satzungsbestimmung muss nicht sofort geändert werden, sondern erst dann, wenn die Satzung aus einem anderen Grund geändert wird.

Aufgrund des BMF-Schreibens vom 22.4.2009 (DB 2009, S. 987) ist eine Zahlung an Vereinsfunktionäre für den Zeitaufwand nur gemeinnützigkeitsrechtlich unschädlich, wenn die Satzung dies ausdrücklich erlaubt. In die Satzung ist deshalb folgende Formulierung aufzunehmen:

§ x Organe des Vereins

(1) Organe des Vereins sind der Vorstand, der Hauptausschuss und die Mitgliederversammlung.

(2) Die Mitglieder des Vorstandes und des Hauptausschusses haben Anspruch auf Ersatz der ihnen entstandenen notwendigen Auslagen und Aufwendungen. Für den Zeitaufwand dieser Funktionäre kann die Mitgliederversammlung eine in ihrer Höhe angemessene Vergütung beschließen. (*Bei größeren Vereinen:* Bei Bedarf kann ein hauptamtlicher Vorstand oder Geschäftsführer bestellt werden).

Hat der Verein bereits ab 2007 Zahlungen an den Vorstand für Zeitaufwand geleistet (z. B. Auszahlung der Ehrenamtspauschale gem. § 3 Nr. 26a EStG) wird dies von der Finanzverwaltung nicht beanstandet, wenn die Satzung bis zum 31.12.2010 geändert wird oder wenn der Vorstand

zukünftig auf Tätigkeitsvergütungen verzichtet (BMF-Schreiben vom
14.10.2009, DStR 2009, S. 2254).

2.13 Fragen Sie den Steuerberater

Bei der Abfassung der steuerlich wichtigen Satzungsbestimmungen ist
der Steuerberater die kompetente Ansprechperson. Zur Vermeidung
nachträglicher Satzungsänderungen und etwaiger zusätzlicher Kosten
wird er im Zweifelsfalle den Satzungsentwurf vor Beschlussfassung
durch die Mitgliederversammlung und ggf. vor Eintragung in das Vereinsregister dem Finanzamt und dem Amtsgericht zur Prüfung vorle-
gen.

 Tipp:

Da dem Finanzamt auch jede spätere Satzungsänderung mitgeteilt
werden muss, sollten geplante Änderungen mit dem Finanzamt
ebenfalls schon vor Beschlussfassung besprochen werden.

Über die Steuerbefreiung wegen Steuerbegünstigung kann das Finanzamt in rechtsverbindlicher Form nur für den einzelnen Steuerab-
schnitt (Kalenderjahr) durch Erteilung eines Steuerbescheids oder eines Freistellungsbescheids entscheiden. Den praktischen Bedürfnissen
Rechnung tragend, stellt das Finanzamt auf Antrag nach Prüfung der
Satzung eine so genannte vorläufige Bescheinigung über die Gemeinnützigkeit aus, die längstens für 18 Monate gilt. Diese Bescheinigung
ist vor allem wegen der Frage der steuerlichen Begünstigung von
Spenden an den Verein von Bedeutung.

Die Finanzämter sind gehalten, in gewissen Zeitabständen zu prüfen,
ob die Voraussetzungen der Steuerbegünstigung satzungsmäßig und
tatsächlich weiterhin erfüllt sind (§ 63 AO). Zu diesem Zweck werden
den Vereinen, soweit sie nicht bereits mit einem wirtschaftlichen Geschäftsbetrieb der laufenden Besteuerung unterliegen, etwa alle drei
Jahre Steuererklärungsformulare zugesandt. Vereine, deren tatsächli-
che Geschäftsführung sich mit den erklärten gemeinnützigen Zielen
deckt und die durch ordnungsmäßige Aufzeichnungen ihrer Einnahmen

und Ausgaben den entsprechenden Nachweis leicht und einwandfrei führen können, werden einer solchen gelegentlichen Überprüfung ihrer Gemeinnützigkeit mit großer Gelassenheit entgegensehen und brauchen sich deshalb keinesfalls zu sorgen. Im Übrigen sind die Finanzämter gerne bereit, bei der Erfüllung der steuerlichen Pflichten behilflich zu sein.

3   Ertragsteuerliche Behandlung der verschiedenen Tätigkeitsbereiche

3.1   Allgemeines

Steuerbegünstigte Körperschaften sind gem. § 5 Abs. 1 Nr. 9 KStG und § 3 Nr. 6 GewStG grundsätzlich von der Körperschaftsteuer und Gewerbesteuer befreit. Die Steuerbefreiung gilt allerdings nicht, soweit ein wirtschaftlicher Geschäftsbetrieb unterhalten wird (§ 5 Abs. 1 Nr. 9 KStG). Ein wirtschaftlicher Geschäftsbetrieb ist gem. § 14 AO eine selbständige nachhaltige Tätigkeit, durch die Einnahmen oder andere wirtschaftliche Vorteile erzielt werden und die über den Rahmen einer Vermögensverwaltung hinausgeht. Innerhalb der wirtschaftlichen Geschäftsbetriebe wird unterschieden zwischen steuerbegünstigten Zweckbetrieben (wirtschaftliche Betätigungen, die in ihrer Gesamtrichtung dazu dienen, die steuerbegünstigten satzungsmäßigen Zwecke der Körperschaft zu verwirklichen) und steuerpflichtigen wirtschaftlichen Geschäftsbetrieben (wirtschaftliche Betätigungen, die im Wesentlichen der reinen Mittelbeschaffung dienen, z. B. selbst bewirtschaftete Vereinsgaststätte oder Vereinsfeste).

Bei einem steuerbegünstigten Verein sind deshalb 4 steuerliche Bereiche zu unterscheiden:

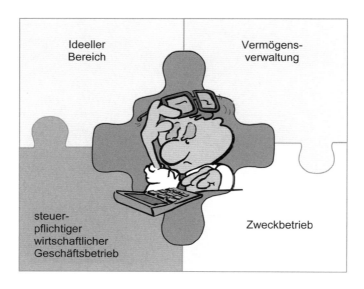

Hinweis:

In diesem Kapitel wird nur die ertragsteuerliche Behandlung der verschiedenen Tätigkeitsbereiche eines steuerbegünstigten Vereins angesprochen. Die umsatzsteuerliche Behandlung wird in Tz. 6 dargestellt.

3.2 Ideeller Tätigkeitsbereich

Erträge im ideellen Tätigkeitsbereich bleiben bei der Ermittlung des steuerpflichtigen Einkommens und Umsatzes einer steuerbegünstigten Körperschaft außer Ansatz. Hierzu gehören echte Mitgliedsbeiträge, Spenden, Zuschüsse der Öffentlichen Hand, Schenkungen, Erbschaften und Vermächtnisse.

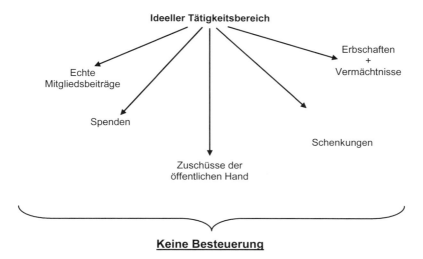

Im ideellen Bereich sind sämtliche Ausgaben zu erfassen, die aufgrund des Satzungszwecks geleistet werden und nicht in unmittelbarem Zusammenhang mit Einnahmen stehen (ggf. sind die Ausgaben auf die verschiedenen Tätigkeitsbereiche aufzuteilen).

3.3 Vermögensverwaltung

3.3.1 Allgemeines

Nach § 14 Satz 3 AO liegt Vermögensverwaltung i. d. R. vor, wenn Vermögen genutzt, z. B. Kapitalvermögen verzinslich angelegt oder unbewegliches Vermögen vermietet oder verpachtet wird. Eine Tätigkeit, die auf Erzielung von Einkünften aus Kapitalvermögen (§ 20 EStG) oder aus Vermietung oder Verpachtung (§ 21 EStG) gerichtet ist, wird im allgemeinen Vermögensverwaltung sein.

Vermögensverwaltung		
Kapital anlegen	Grundstücke vermieten / verpachten	Werberechte verpachten

Vermögensverwaltung ist gegeben, wenn sich die Betätigung noch als Nutzung von Vermögen i. S. einer Fruchtziehung aus zu erhaltenden Substanzwerten darstellt und die Ausnutzung substantieller Vermögenswerte durch Umschichtung nicht entscheidend in den Vordergrund tritt (BFH vom 16.4.1991, BStBl. II S. 844). Bei der Auslegung können die einkommensteuerrechtlichen Grundsätze zur Abgrenzung der Einkünfte aus Gewerbebetrieb von den Einkünften aus Vermietung und Verpachtung herangezogen werden (BFH vom 25.10.1988, BStBl. II 1989 S. 291).

Eine zusammenhängende Tätigkeit ist entweder in vollem Umfang als wirtschaftlicher Geschäftsbetrieb oder als Vermögensverwaltung zu qualifizieren. Eine verhältnismäßige Aufteilung auf Geschäftsbetrieb und Vermögensverwaltung ist rechtlich nicht zulässig. Ist die Tätigkeit als Vermögensverwaltung zu werten, ist ein wirtschaftlicher Geschäftsbetrieb vom Begriff her nicht gegeben (BFH vom 9.10.1992, BFH/NV 1994 S. 80).

3.3.2 ABC der Vermögensverwaltung

Einnahmen:

- Bausparzinsen
- Dividenden
- Erstattung von Vorsteuer, die auf die Vermögensverwaltung entfällt
- Erstattung von Zinsabschlagsteuer (für Zinserträge im Vermögens-verwaltungsbereich)
- Pacht für
  - Vereinsgaststätte
  - Werbung
- Miete für
  - Vermietung von Wohnungen
  - Vermietung von unbebauten Grundstücken
  - langfristige Vermietung von Räumen
  - langfristige Vermietung von Sportanlagen
  - langfristige Vermietung von beweglichen Wirtschaftsgütern
- Verkaufserlöse aus in der Vermögensverwaltung genutzten Wirtschaftsgütern
- Zinsen aus Bank- und Sparguthaben (sofern die Geldanlage nicht zum steuerpflichtigen wirtschaftlichen Geschäftsbetrieb gehört)

Ausgaben:

- Abschreibungen auf (teilweise) in der Vermögensverwaltung genutzte Wirtschaftsgüter
- Anschaffungs- oder Herstellungskosten der ausschließlich in der Vermögensverwaltung genutzten Wirtschaftsgüter
- Anzeigen für Vermietungsinserate
- Bankdepotmiete für Aktien
- Bankspesen
- Druckkosten für Werbung in Vereinszeitschriften/Jubiläumsschriften, wenn die Werbung verpachtet wurde
- Geschäftsstelle (Baukosten, Inventar, laufende Kosten), anteilig
- Laufende Betriebskosten
- Löhne/Gehälter für in der Vermögensverwaltung tätige Arbeitnehmer
- Instandhaltungskosten
- Portokosten (soweit Vorgänge der Vermögensverwaltung betroffen sind)
- Reisekosten für Arbeitnehmer oder ehrenamtliche Mitarbeiter in der Vermögensverwaltung

- Steuerliche Nebenleistungen (Kosten, Säumniszuschläge, Verspä-
  tungszuschläge, Zinsen, Zwangsgelder) auf Umsatzsteuer, die auf die
  Vermögensverwaltung entfällt
- Telefonkosten (soweit auf Vermögensverwaltung entfallend)
- Umsatzsteuer, die auf die Vermögensverwaltung entfällt
- Vermittlungsgebühr Immobilenmakler
- Zinsabschlagsteuer (für Zinserträge im Vermögensverwaltungsbe-
  reich)
- Zinsen (z. B. für Investitionen im Vermögensverwaltungsbereich)

3.3.3   Einnahmen aus Kapitalvermögen

3.3.3.1   Allgemeines

Zinseinnahmen aus Bank- und Sparguthaben sind grundsätzlich in der
Vermögensverwaltung zu erfassen. Eine Zuordnung zum steuerpflichti-
gen wirtschaftlichen Geschäftsbetrieb ergibt sich nur dann, wenn die
Kapitalanlage eindeutig einem steuerpflichtigen wirtschaftlichen Ge-
schäftsbetrieb zuzuordnen ist. Dies wäre dann der Fall, wenn auf einem
Konto, über das die Einnahmen und Ausgaben der selbstbetriebenen
Vereinsgaststätte abgewickelt werden, Habenzinsen anfallen. Auch
Zinsen auf einem Sparbuch mit der Bezeichnung „Renovierung Gast-
stätte" müssten bei einer selbstbetriebenen Vereinsgaststätte als steuerpflichtig angesehen werden.

Die Beteiligung (auch Mehrheitsbeteiligung oder 100 %-Beteiligung)
einer steuerbegünstigten Körperschaft an einer Kapitalgesellschaft
(AG, GmbH) ist grundsätzlich Vermögensverwaltung (§ 14 Satz 3 AO).
Sie stellt jedoch (unabhängig von der Beteiligungshöhe) einen steuerpflichtigen wirtschaftlichen Geschäftsbetrieb dar, wenn tatsächlich ein
entscheidender Einfluss auf die laufende Geschäftsführung („Tagesgeschäft" oder Vorbehalt ausdrücklicher Zustimmung zu bestimmten Geschäften) der Kapitalgesellschaft ausgeübt wird (BFH vom 30.6.1971,
BStBl. II S. 753). Ein entsprechender Einfluss auf die Geschäftsführung
der Kapitalgesellschaft ist zu bejahen, wenn beispielsweise Organe des
Vereins als Geschäftsführer der Kapitalgesellschaft tätig sind und infolge dieser Personenidentität davon auszugehen ist, dass die Entschei-
dungen der Kapitalgesellschaft vom Verein vorbestimmt sind.

Ein wirtschaftlicher Geschäftsbetrieb ist – trotz entscheidungserhebli-
cher Einflussnahme auf die Geschäftsführung – jedoch nicht gegeben,
wenn ein Verein Alleingesellschafter einer steuerbefreiten gemeinnützigen GmbH ist. Auch ohne Einfluss auf die laufende Geschäftsführung

kann eine Beteiligung an einer Kapitalgesellschaft ein steuerpflichtiger wirtschaftlicher Geschäftsbetrieb sein, wenn die Grundsätze der Betriebsaufspaltung anzuwenden sind.

Die Beteiligung eines steuerbegünstigten Vereins an einer Personengesellschaft (GbR, KG, OHG) stellt grundsätzlich einen wirtschaftlichen Geschäftsbetrieb i. S. d. § 14 AO dar. Dies ist darin begründet, dass der Verein durch die Beteiligung sowohl Mitunternehmerinitiative entfaltet als auch Mitunternehmerrisiko trägt. Als Mitunternehmer erzielt der Verein Einkünfte aus Gewerbebetrieb gemäß § 15 Abs. 1 Nr. 2 EStG.

3.3.3.2 Kapitalertragsteuer

Zum 1.1.2009 wurde eine Abgeltungsteuer von 25 % zzgl. Solidaritätszuschlag auf Kapitaleinkünfte eingeführt (§ 32d EStG). Grundlegend beruht das Konzept der Abgeltungsteuer auf einem Steuerabzug an der Quelle, dies bedeutet, dass wie bisher die Kapitalertragsteuer von den Schuldnern der Erträge (z. B. Banken oder Kapitalgesellschaften) abgezogen wird. Anders als bisher ist aber mit dem Steuerabzug die Einkommensteuer des Gläubigers zukünftig grundsätzlich abgegolten, d. h. der Steuerpflichtige muss die Kapitaleinkünfte nicht mehr in seiner Einkommensteuererklärung angeben.

Da ein Verein keine natürliche Person ist, kann die Abgeltungsteuer nicht auf ihn angewendet werden. Der Verein unterliegt wie bisher der Kapitalertragsteuer von 25 % (bis 31.12.2008 20 % bzw. 30 % Zinsabschlag) zzgl. Solidaritätszuschlag. Da Einkünfte aus der Vermögensverwaltung eines steuerbegünstigten Vereins aber in jeglicher Höhe von der KSt und GewSt befreit sind, kann sich der Verein von der Kapitalertragsteuer wie bisher befreien lassen (s. hierzu BMF-Schreiben vom 5.11.2002, BStBl. I S. 1346 und vom 12.1.2006, BStBl. I S. 101). Er hat hierzu bei Zinseinnahmen der auszahlenden Sparkasse oder Bank das Original bzw. eine amtlich beglaubigte Kopie des zuletzt erteilten Freistellungsbescheides zu übergeben, der für den fünften oder späteren Veranlagungszeitraum vor dem Veranlagungszeitraum des Zuflusses der Kapitalerträge erteilt worden ist. Es genügt, wenn das Original des Freistellungsbescheides vorgelegt wird und das Kreditinstitut eine Kopie fertigt.

Bei neu gegründeten Körperschaften wird die Steuerbefreiung durch die vorläufige Bescheinigung über die Steuerbegünstigung/Gemeinnützigkeit (Gültigkeitsdauer für den Kapitalertragsteuerabzug 3 Jahre) dokumentiert, so dass die Vorlage dieser Bescheinigung für die Abstandnahme vom Kapitalertragsteuerabzug ausreicht, wenn deren Gültigkeitsdauer im Veranlagungszeitraum des Zuflusses der Kapitalerträge oder später endet. Die Befreiung bei Vorlage der Bescheinigung gilt auch für Zinserträge über dem Sparerpauschbetrag.

Bei Erträgen aus Anteilen an GmbHs, Namensaktien nicht börsennotierter AGs und Anteilen aus Wirtschaftsgenossenschaften kann sich der Verein ebenfalls durch die Übergabe eines Freistellungsbescheides an den Zahlungsschuldner befreien lassen, in anderen Fällen wird die abgeführte Kapitalertragsteuer durch das Bundeszentralamt für Steuern aufgrund eines Antrags des Vereins erstattet (§ 44a Abs. 7 Satz 3 i. V. m. § 45b EStG). Das auszahlende Kreditinstitut kann diesen Antrag ebenfalls im Rahmen des Sammelantragsverfahrens stellen (§ 45b Abs. 1 EStG).

Die Steuerbefreiung des § 5 Abs. 1 Nr. 9 KStG erstreckt sich nicht auf den steuerpflichtigen wirtschaftlichen Geschäftsbetrieb. Zinseinnahmen im steuerpflichtigen wirtschaftlichen Geschäftsbetrieb sind deshalb auch weiterhin mit dem Körperschaftsteuersatz von 15 % zzgl. Solidaritätszuschlag und Gewerbesteuer zu versteuern, wenn die Besteuerungsgrenze von 35.000 € und die Freibeträge überschritten sind. Die einbehaltene Kapitalertragsteuer und der Solidaritätszuschlag werden angerechnet.

Fallen Beteiligungserträge (z. B. Dividenden) im steuerpflichtigen wirtschaftlichen Geschäftsbetrieb an, unterliegen die Einkünfte nach § 8b Abs. 1 KStG nicht der Besteuerung. Allerdings sind 5 % der Bruttodividende gem. § 8b Abs. 5 Satz 1 KStG zu versteuern. Eine Abstandnahme vom Kapitalertragsteuerabzug ist nicht möglich (§ 44a Abs. 4 und 5 EStG). Die Kapitalertragsteuer kann aber auf die Körperschaftsteuer angerechnet werden.

Wird jedoch die Freigrenze des § 64 Abs. 3 AO von 35.000 € oder der Freibetrag nicht überschritten, ist nach dem Gesetz weder eine Anrechnung noch eine Erstattung der Kapitalertragsteuer möglich. Die Kapitalertragsteuer wird in diesen Fällen im Billigkeitswege vom Finanzamt erstattet, da Körperschaft- und Gewerbesteuer nicht anfallen. Die rechtzeitige Vorlage einer Nichtveranlagungs-Bescheinigung verhindert auch hier den Steuerabzug.

3.3.4 Vermietung und Verpachtung

3.3.4.1 Allgemeines

Die Vermietung und Verpachtung von Grundbesitz stellt in aller Regel Vermögensverwaltung dar. Auch bei umfangreicherem Grundbesitz und deshalb erheblicher Verwaltungsarbeit ist Vermögensverwaltung anzunehmen (BFH vom 17.1.1961, BStBl. III S. 233). Unter besonderen Umständen kann die Vermietung den Rahmen der Verwaltung des Grundbesitzes sprengen, wenn beispielsweise schneller und ständiger Wechsel der Mieter eine Tätigkeit erfordert, die über das bei langfristigen Vermietungen übliche Maß hinausgeht oder wenn der Grundstückseigentümer Verpflichtungen über die bloße Vermietungstätigkeit hinaus übernimmt (z. B. Reinigung der Räume, Herrichten eines Saales für eine Veranstaltung, Hausmeistertätigkeit usw.). Als entscheidend wird angesehen, ob zur bloßen Nutzungsüberlassung eine fortgesetzte, mithin nachhaltige und auf Gewinnerzielung gerichtete Beteiligung am allgemeinen wirtschaftlichen Verkehr hinzutritt. Keine (bloße) Vermögensverwaltung ist daher i. d. R. gegeben bei der nachhaltigen Vermietung eines Sitzungssaales oder ähnlicher Räume für regelmäßig kurze Zeit (einzelne Tage oder Stunden) an wechselnde Benutzer, so auch bei der ständig wechselnden kurzfristigen Saalvermietung für Konzerte, bei der Vermietung von Ausstellungsräumen, Messeständen, Tennis- und Campingplätzen etc.

Dauervermietungen sind dagegen der Vermögensverwaltung zuzuordnen (z. B. Sportverein vermietet nicht mehr genutzte Turnhalle an einen Unternehmer). In Grenzfällen wird im Allgemeinen aber nicht kleinlich verfahren. So hat der BFH in einem Fall noch Vermögensverwaltung angenommen, in dem eine Körperschaft einen überwiegend für steuerbegünstigte Zwecke genutzten Saal zur besseren Ausnutzung und Auslastung jeweils kurzfristigen wechselnden Mietern überließ (BFH vom 17.12.1957, BStBl. III 1958 S. 96). Danach kann auch die stundenweise Überlassung einer vereinseigenen Turnhalle für das Schulturnen dem Bereich der Vermögensverwaltung zugeordnet werden, zumal wenn die Überlassung für längere Zeit vereinbart wird.

Auch bei der einheitlichen Vermietung eines Schützenplatzes an einen Veranstalter handelt es sich um Vermögensverwaltung; die Körperschaft beschränkt sich damit auf die Nutzung ihres Vermögens (RFH vom 6.5.1941, RStBl. S. 743). Dagegen ist die Vermietung der einzelnen Standplätze an Schausteller und Gewerbetreibende anlässlich eines sich alljährlich wiederholenden Schützenfestes als steuerpflichtiger wirtschaftlicher Geschäftsbetrieb anzusehen (BFH vom 25.4.1968, BStBl. II 1969 S. 94). Die o. g. Grundsätze sind auch bei der Vermietung von beweglichen Wirtschaftsgütern anzuwenden.

3.3.4.2 Verpachtung der Vereinsgaststätte

Die Einnahmen aus einer verpachteten Vereinsgaststätte sind in der Vermögensverwaltung zu erfassen. Eine Zuordnung zum steuerpflichtigen wirtschaftlichen Geschäftsbetrieb ergibt sich nur dann, wenn die Gaststätte unmittelbar vor der Verpachtung vom Verein selbst betrieben wurde und der Verein keine Betriebsaufgabe erklärt hat.

Eine Gaststätte gilt als verpachtet, wenn ein Pachtvertrag mit einem Pächter vorliegt, der die Gaststätte auf eigene Rechnung und im eigenen Namen betreibt.

 Tipp:

Dabei ist es rechtlich unbedenklich, wenn dieser Pächter ein Mitglied des Vereins oder ein Förderverein ist, wenn Ein- und Verkäufe tatsächlich vom Pächter selbst abgewickelt werden und der Pächter dem Verein ein angemessenes Pachtentgelt bezahlt.

Dabei ist allerdings darauf zu achten, dass eine personelle Trennung zwischen Pächter und Vereinsführung besteht und dem vereinsnahen Pächter auf Dauer ein angemessener Gewinn aus dem Pachtverhältnis verbleibt. Ein Mindestgewinn von 10 % des Überschusses vor Pachtzahlungen ist nach Ansicht der Finanzverwaltung ausreichend.

Wird die Vereinsgaststätte an einen selbständigen Pächter verpachtet, liegt kein wirtschaftlicher Geschäftsbetrieb, sondern eine Vermögensverwaltung vor. Eine Ausnahme von diesem Grundsatz besteht nur dann, wenn der Verein die Gaststätte früher selbst betrieben und vor der Verpachtung keine Betriebsaufgabe erklärt hat. Die Pachteinnahmen sind in diesem Fall weiterhin im steuerpflichtigen wirtschaftlichen Geschäftsbetrieb zu erfassen.

Grundsätzlich hat der Verein ein Wahlrecht, ob er die Betriebsaufgabe erklären will oder ob von einem fortbestehenden (verpachteten) Gewerbebetrieb ausgegangen werden soll. Die Betriebsaufgabe muss jedoch eindeutig gegenüber dem Finanzamt erklärt werden. Die Aufgabe wird von der Finanzverwaltung für den vom Steuerpflichtigen gewählten Zeitpunkt anerkannt, wenn die Aufgabeerklärung spätestens drei Monate nach diesem Zeitpunkt abgegeben wird. Wird die Betriebsaufgabe nicht erklärt oder wird gegenüber dem Finanzamt überhaupt keine Erklärung abgeben, so muss von einem fortbestehenden steuerpflichtigen wirtschaftlichen Geschäftsbetrieb ausgegangen werden. Die Pachterträge sind dann weiterhin Einkünfte aus einem Gewerbebetrieb. Ebenso bleiben die verpachteten Wirtschaftsgüter Betriebsvermögen.

 Tipp:

Die Gaststätte kann trotz vorheriger Selbstbewirtschaftung ohne Aufdeckung der stillen Reserven verpachtet werden.

Wurde die Betriebsaufgabe erklärt, mussten früher die im Zeitpunkt der Betriebsaufgabe vorhandenen stillen Reserven aufgedeckt und versteuert werden. Nach A 47 Abs. 12 Sätze 1 und 2 KStR 1995 kam eine Buchwertfortführung nicht in Betracht, wenn eine Körperschaft i. S. d. § 13 Abs. 4 Satz 1 KStG einen bisher steuerpflichtigen wirtschaftlichen Geschäftsbetrieb durch Veräußerung, Betriebsaufgabe oder Verpachtung beendet. Die Körperschaftsteuerreferatsleiter des Bundes und der Länder haben jedoch 1996 entschieden, dass die Überführung einer Vereinsgaststätte vom steuerpflichtigen wirtschaftlichen Geschäftsbetrieb in die Vermögensverwaltung unter der Voraussetzung des § 13 Abs. 4 KStG zu Buchwerten möglich ist. Der Beschluss der KSt-Referatsleiter wurde erst mit BMF-Schreiben vom 1.2.2002 (BStBl. I S. 221) bekannt gemacht. Die Aufdeckung der stillen Reserven ist deshalb nicht mehr erforderlich. Geht der Verein nach der Verpachtung wieder zur Selbstbewirtschaftung über, so sind die Wirtschaftsgüter wieder mit den Buchwerten anzusetzen.

Vergleichsrechnung selbstbetriebene und verpachtete Vereinsgaststätte

	selbstbetrieben	verpachtet	
	Verein	Verein	Pächter
Überschuss (netto)	10.000		10.000
Pachtzahlung an Verein			- 9.000
Pachteinn. Gaststätte (brutto)		9.000	
Gewerbliche Einkünfte			1.000
Körperschaftsteuer 15 %	1.500	0	
ESt/Soli/KiSt ca. 35 %			350*
GewSt + Soli ca. 15 %	1.500	0	0
Spende		1.000	- 1.000

* bei Spende fällt keine ESt an

3.3.4.3 Verpachtung von Werberechten

Einnahmen aus Werbung können der Vermögensverwaltung oder dem steuerpflichtigen wirtschaftlichen Geschäftsbetrieb zugeordnet werden. Entscheidend ist, ob die Werbung vom Verein selbst betrieben wird oder an einen selbständigen Pächter verpachtet ist (AEAO zu § 67a, Nr. 9).

Folgende Arten von Werbung sind denkbar:

• Bandenwerbung
• Trikotwerbung
• Werbung auf Sportgeräten
• Anzeigenwerbung
• Lautsprecherwerbung
• PKW-Werbung
• Sponsoring.

Während die Einnahmen aus der selbstbetriebenen Werbung im steuerpflichtigen wirtschaftlichen Geschäftsbetrieb zu erfassen sind, sind Einnahmen aus verpachteter Werbung unter bestimmten Voraussetzungen in der Vermögensverwaltung zu erfassen. Dabei ist es rechtlich unbedenklich, wenn dieser Pächter ein Mitglied des Vereins oder ein Förderverein ist, wenn die Akquisition, Werbung und Abrechnung tatsächlich vom Pächter selbst abgewickelt werden und der Pächter dem Verein ein angemessenes Pachtentgelt bezahlt.

Das Werbegeschäft eines steuerbegünstigten Vereins kann unter bestimmten Voraussetzungen verpachtet werden. Die Einnahmen sind dann dem Bereich „Vermögensverwaltung" (§ 14 Satz 3 AO) zuzuordnen. Verpachtet werden können das Recht zur Nutzung von Werbeflächen in vereinseigenen oder gemieteten Sportstätten (sog. Bandenwerbung) sowie die Lautsprecherwerbung und das Anzeigengeschäft in Festschriften und Vereinszeitschriften.

Achtung:

Die entgeltliche Übertragung des Rechts zur Nutzung von Werbeflächen auf der Sportkleidung (Trikots, Sportschuhen, Helmen) und auf Sportgeräten ist stets als steuerpflichtiger wirtschaftlicher Geschäftsbetrieb zu behandeln (AEAO zu § 67a, Nr. 9).

Voraussetzung für die steuerliche Anerkennung der entgeltlichen Übertragung der Werberechte ist, dass der Verein dann an der Durchführung und Abwicklung der Werbegeschäfte nicht aktiv mitwirkt und dem Pächter ein angemessener Gewinn (Nettoüberschuss von mindestens 10 % vor Pacht) verbleibt. Wegen der eventuell zu berücksichtigenden Umsatzsteuer- und Gewerbesteuerbelastung beim Pächter ist zu empfehlen, bei der Festlegung des Höchstsatzes im Pachtvertrag nicht 90 % des verbleibenden Überschusses als Pacht zu vereinbaren, sondern sich auf ca. 75 – 84 % des Überschusses zu beschränken.

Achtung:

Wird die Werbung an eine Personengesellschaft verpachtet, an der der Verein beteiligt ist, liegt immer ein steuerpflichtiger wirtschaftlicher Geschäftsbetrieb vor. Bei einer Beteiligung an einer Kapitalgesellschaft nur dann, wenn der Verein die Mehrheit der Stimmrechte an der Kapitalgesellschaft besitzt (Grundsätze der Betriebsaufspaltung) oder wenn ein entscheidender Einfluss auf die laufende Geschäftsführung („Tagesgeschäft" oder Vorbehalt ausdrücklicher Zustimmung zu bestimmten Geschäften) der Kapitalgesellschaft ausgeübt wird (BFH vom 30.6.1971, BStBl. II S. 753).

Tipp:

Es ist rechtlich unbedenklich, wenn der Pächter ein Mitglied des Vereins oder ein Förderverein ist.

Es müssen dann aber Akquisition, Werbung und Abrechnung tatsächlich vom Pächter selbst abgewickelt werden und der Pächter muss dem Verein ein angemessenes Pachtentgelt zahlen. Allerdings ist strikt auf eine personelle Trennung zwischen Pächter und Verein zu achten. Der Pächter darf nicht dem Vorstand des Vereins angehören (jedenfalls bei einem ein- oder zweigliedrigen Vorstandsgremium).

Vergleichsrechnung selbstbetriebene und verpachtete Werbung

	selbstbetrieben	verpachtet	
	Verein	Verein	Pächter
Werbeeinnahmen (netto)	10.000		10.000
Pachteinn. Werbung (brutto)		9.000	- 9.000
./. 85 % pauschale BA § 64 Abs. 6 Nr. 1 AO	- 8.500		
zu versteuern	1.500	0	1.000
Körperschaftsteuer 15 %	225		
ESt/Soli/KiSt ca. 35 %			350*
GewSt + SolZ ca. 15 %	225	0	0
Spende		1.000	- 1.000

* bei Spende fällt keine ESt an

Die Werbung eines steuerbegünstigten Vereins kann auch an mehrere Werbeunternehmen verpachtet werden, z. B. Inseratenwerbung an Werbeunternehmen X und Bandenwerbung an Werbeunternehmen Y. Das BFH-Urteil vom 13.3.1991 (BStBl. II 1992 S. 101) wird von der Finanzverwaltung nicht angewendet. Der BFH hatte in diesem Urteil entschieden, dass ein Verein, der Werbeflächen an einzelne Interessenten, an die er selbst herantrat, überlässt, einen steuerpflichtigen wirtschaftlichen Geschäftsbetrieb unterhält. Die Steuerabteilungsleiter der obersten Finanzbehörden des Bundes und der Länder haben entschieden, dass der AO-Anwendungserlass zu diesem Punkt nicht geändert und das o. g. BFH-Urteil über den entschiedenen Einzelfall hinaus nicht angewendet werden soll. Entgelte aus der pachtweisen Gesamtüberlassung von Werberechten fallen demzufolge weiterhin im Rahmen der steuerfreien Vermögensverwaltung an. Voraussetzung ist allerdings weiterhin, dass der Verein nicht aktiv am Werbegeschäft mitwirkt.

Verpachtung der Werbung

	Werbepächter: natürl. Person	Werbepächter: GbR, Förderverein	Werbepächter: GmbH	Werbepächter: Gemeinde
Besonders zu beachten	personelle Trennung Werbepächter/ Vereinsführung	personelle Trennung Werbepächter/ Vereinsführung	wirtschaftlicher Geschäftsbetrieb durch Halten der Beteiligung / Betriebsaufspaltung	-
Mindestgewinn des Werbepächters	10 % des Gewinns/ Überschusses vor Pacht/Lizenz	10 % des Gewinns/ Überschusses vor Pacht/Lizenz	10 % des Gewinns/ Überschusses vor Pacht/Lizenz mindestens 15 % des Kapitals + x	im Ermessen der Gemeinde
Weitere Voraussetzungen	Werbetätigkeit muss tatsächlich vom Werbeträger durchgeführt werden.			

3.4   Zweckbetriebe

3.4.1 Allgemeines

In den Einzelsteuergesetzen wird die Steuerbefreiung bzw. Steuerermäßigung steuerbegünstigter Körperschaften insoweit eingeschränkt, als ein wirtschaftlicher Geschäftsbetrieb unterhalten wird (z. B. § 5 Abs. 1 Nr. 9 KStG, § 3 Nr. 6 Satz 2 GewStG). Gemäß § 64 Abs. 1 AO hat das zur Folge, dass eine Körperschaft für die Besteuerungsgrundlagen, die ihrem wirtschaftlichen Geschäftsbetrieb zuzuordnen sind, die Steuervergünstigung verliert und der partiellen Steuerpflicht unterliegt, soweit es sich bei dem wirtschaftlichen Geschäftsbetrieb nicht um einen Zweckbetrieb i. S. der §§ 65 – 68 AO handelt.

Ein wirtschaftlicher Geschäftsbetrieb liegt gemäß § 14 AO vor, wenn eine Tätigkeit selbstständig und nachhaltig verfolgt wird, durch die Ein-

nahmen oder andere wirtschaftliche Vorteile erzielt werden und die zudem über den Rahmen der Vermögensverwaltung hinausgeht. Die Ab-
sicht Gewinn zu erzielen, ist nicht notwendig im Gegensatz zu den Anforderungen an einen Gewerbebetrieb (§ 15 EStG). Die Besteuerung
wirtschaftlicher Geschäftsbetriebe erfolgt nach den Regelungen der
Einzelsteuergesetze i. V. mit § 64 AO.

Gemäß § 64 Abs. 1 AO ist ein wirtschaftlicher Geschäftsbetrieb allerdings von der partiellen Steuerpflicht ausgenommen, wenn es sich um
einen sog. Zweckbetrieb i. S. der §§ 65 – 68 AO handelt. Ein Zweckbetrieb liegt gemäß § 65 AO vor, wenn:

- der wirtschaftliche Geschäftsbetrieb in seiner Gesamtrichtung dazu
  dient, die steuerbegünstigten satzungsmäßigen Zwecke der Körperschaft zu verwirklichen,
- die Zwecke nur durch einen solchen Geschäftsbetrieb erreicht werden
  können und
- der wirtschaftliche Geschäftsbetrieb zu nicht begünstigten Betrieben
  derselben oder ähnlichen Art nicht in größerem Umfang in Wettbewerb tritt, als es bei Erfüllung der steuerbegünstigten Zwecke unver-
  meidbar ist.

In den §§ 66 – 68 AO sind zudem verschiedene wirtschaftliche Geschäftsbetriebe aufgezählt, die durch weitere Sonderregelungen zu
Zweckbetrieben erklärt wurden.

3.4.2 Kulturelle Veranstaltungen

Kulturelle Veranstaltungen (Theateraufführung oder Konzerte) sind nur
dann steuerbegünstigt, wenn die Förderung der Kultur in der Satzung
ausdrücklich genannt ist. Steuerbegünstigt sind jedoch nur die Eintrittsgelder, nicht dagegen eine Bewirtung der Zuhörer oder Mitwirkenden.

 Hinweis:

Eine Bewirtung stellt immer einen steuerpflichtigen wirtschaftlichen
Geschäftsbetrieb dar (AEAO zu § 68 Nr. 10). Nicht begünstigt sind
auch Eintrittsgelder bei reinen Tanzveranstaltungen.

3.4.3 Lotterie und Tombola

Veranstaltet ein steuerbegünstigter Verein Lotterien oder Ausspielungen (Tombola), die von der zuständigen Behörde (i. d. R. Regierungspräsidium) genehmigt oder für die eine allgemeine Erlaubnis erteilt worden ist, liegt ein steuerbegünstigter Zweckbetrieb vor, wenn die Überschüsse ausschließlich für gemeinnützige Zwecke verwendet werden (AEAO zu § 68 Nr. 6).

Zu beachten ist, dass auch „allgemein erlaubte" Ausspielungen vor der Veranstaltung anzeigepflichtig sind. Es ist deshalb jedem Verein dringend zu raten, sich rechtzeitig vor der Ausspielung mit dem für die Lotteriesteuer zuständigen Finanzamt in Verbindung zu setzen.

3.4.4 Vermietung von Sportanlagen

Die kurzzeitige Vermietung von Sportanlagen (z. B. Tennisplätze, Kegelbahnen, Schwimmbäder) an Mitglieder ist ein steuerbegünstigter Zweckbetrieb. Die Vermietung an Nichtmitglieder stellt dagegen einen steuerpflichtigen wirtschaftlichen Geschäftsbetrieb dar (AEAO zu § 67a Nr. 12). Die Unterscheidung erfolgt ebenfalls bei der Vermietung von beweglichen Gegenständen (Golfschläger, Segelflugzeuge, Pferde).

3.5 Sportliche Veranstaltungen

3.5.1 Allgemeines

Zu den sportlichen Veranstaltungen gehören

- Sportveranstaltungen eines Sportvereins, bei denen Eintrittsgelder, Teilnehmergebühren oder Startgelder (z. B. Volkslauf, Turniere etc.) erhoben werden. Dabei spielt es keine Rolle, ob die Teilnehmergebühren oder Startgelder von Mitgliedern oder Nichtmitgliedern erbracht werden (AEAO zu § 67a Nr. 3).
- Sportkurse und Sportlehrgänge für Vereinsmitglieder und Nichtmitglieder (z. B. Tennis-, Reit- oder Skikurse, AEAO zu § 67a Nr. 5).
- Sportreisen, wenn die sportliche Betätigung wesentlicher und notwendiger Bestandteil der Reise ist (z. B. Reisen zum Wettkampf, Trainingslager, Skikurs oder Vereinsmeisterschaft, AEAO zu § 67a Nr. 4).
  Nicht zu den Sportreisen gehören Touristikreisen, bei denen die Erholung der Teilnehmer im Vordergrund steht (Skiausfahrt ohne Skikurs,

Vereinsausflug), auch wenn anlässlich dieser Reise Sport getrieben wird. Diese sind nicht begünstigt, sondern steuerpflichtige wirtschaftliche Geschäftsbetriebe.

- Einnahmen aus Ablösezahlungen.

Die unentgeltlich durchgeführten Sportveranstaltungen (Jugend- und Jedermannsport) sind dem ideellen Bereich zuzuordnen.

Sportliche Veranstaltungen

In § 67a AO sind die sportlichen Veranstaltungen geregelt. Danach gilt folgende Rechtslage:

Übersteigen die jährlichen Einnahmen (Bruttoeinnahmen einschließlich Umsatzsteuer) aus allen sportlichen Veranstaltungen nicht

35.000 €

(bis 31.12.2006: 30.678 €, Zweckbetriebsgrenze), sind die Sportveranstaltungen grundsätzlich ein steuerbegünstigter Zweckbetrieb. Folge: keine Körperschaftsteuer- und Gewerbesteuerpflicht, Verwendung von Mitgliedsbeiträgen, Spenden und Zuschüssen sind möglich, Anwendung des § 3 Nr. 26 und Nr. 26a Einkommensteuergesetz (Übungsleiter- und Ehrenamtspauschale), ermäßigter USt-Satz.

Hinweis:

Es ist für die Zweckbetriebseigenschaft der sportlichen Veranstaltungen nicht schädlich, wenn bezahlte Sportler an diesen Sportveranstaltungen teilnehmen.

Übersteigen die Einnahmen aus Sportveranstaltungen die Zweckbetriebsgrenze von 35.000 € im Jahr, werden die Sportveranstaltungen – gleichgültig ob bezahlte oder unbezahlte Sportler daran teilgenommen haben – grundsätzlich dem steuerpflichtigen wirtschaftlichen Geschäftsbetrieb zugeordnet (Folge: Körperschaftsteuer- und Gewerbesteuerpflicht bei Überschüssen, keine Verwendung von Mitgliedsbeiträgen, Spenden oder Zuschüssen, keine Anwendung des § 3 Nr. 26 und Nr. 26a Einkommensteuergesetz, voller USt-Satz).

Von den vorgenannten Grundsätzen gibt es nur 2 Ausnahmen (§ 67a Abs. 3 AO):

1. Bei Überschreiten der Zweckbetriebsgrenze von 35.000 € kann durch eine Erklärung gegenüber dem zuständigen Finanzamt (Option) erreicht werden, dass alle Sportveranstaltungen ohne die Teilnahme bezahlter Sportler dem steuerbegünstigten Zweckbetrieb zugeordnet werden. Die Einnahmen aus diesen Sportveranstaltungen unterliegen dann nicht der Körperschaftsteuer und Gewerbesteuer, auch wenn sie 35.000 € übersteigen.

2. Übersteigen die Einnahmen bei sportlichen Veranstaltungen die Zweckbetriebsgrenze nicht, kann der Verein dennoch mit den Sportveranstaltungen, an denen bezahlte Sportler teilnehmen, für die Steuerpflicht optieren.

Tipp:

Dies wird der Verein nur dann tun, wenn er in einem steuerpflichtigen wirtschaftlichen Geschäftsbetrieb die 35.000 €-Besteuerungsgrenze bereits überschritten und Verluste aus den Sportveranstaltungen mit bezahlten Sportlern erzielt hat (Verrechnung).

Die Erklärung muss bis zur Unanfechtbarkeit (Bestandskraft) des Körperschaftsteuerbescheides des betreffenden Jahres erfolgen und bindet den Verein mindestens für 5 Jahre, auch wenn sich in diesem Zeitraum die Option irgendwann steuerlich nachteilig auswirken sollte.

3.5.2 Übersicht bei Option für Zweckbetriebseigenschaft der sportlichen Veranstaltungen:

Steuerliche Behandlung
entgeltlicher sportlicher Veranstaltungen

Bruttoeinnahmen nicht mehr als 35.000 €		
Einsatz unbezahlter Sportler	Einsatz bezahlter Sportler	
keine Optionsmöglichkeit	keine Option	Option
Folge:	Folge:	Folge:
Behandlung als Zweckbetrieb	Behandlung als Zweckbetrieb	Behandlung als stpfl. wirtschaftl. Geschäftsbetrieb

Bruttoeinnahmen mehr als 35.000 €		
Einsatz unbezahlter Sportler		Einsatz bezahlter Sportler
Option	keine Option	keine Optionsmöglichkeit
Folge:	Folge:	Folge:
Behandlung als Zweckbetrieb	Behandlung als stpfl. wirtschaftlicher Geschäftsbetrieb	Behandlung als stpfl. wirtschaftlicher Geschäftsbetrieb

3.5.3 Anwendung des § 67a Abs. 3 AO

3.5.3.1 Allgemeines

Verzichtet der Verein auf die Anwendung des § 67a Abs. 1 AO, d. h. optiert er zum Zweckbetrieb oder zum steuerpflichtigen wirtschaftlichen Geschäftsbetrieb, gilt Folgendes: Nach § 67a Abs. 3 AO sind sportliche Veranstaltungen ein Zweckbetrieb, wenn an ihnen kein bezahlter Sportler teilnimmt. Nimmt mindestens ein bezahlter Sportler an einer sportlichen Veranstaltung teil, so ist diese dem steuerpflichtigen wirtschaftlichen Geschäftsbetrieb „sportliche Veranstaltungen" zuzuordnen.

Als sportliche Veranstaltung ist bei allen Sportarten grundsätzlich der einzelne Wettbewerb anzusehen, der in einem engen örtlichen und zeitlichen Zusammenhang durchgeführt wird. In einer Meisterschaftsrunde stellt also jedes Spiel eine eigene sportliche Veranstaltung dar. Ein Turnier ist i. d. R. eine sportliche Veranstaltung. Wird jedoch für jedes Spiel gesondert Eintritt erhoben und werden die Einnahmen und Ausgaben für jedes Spiel gesondert ermittelt, stellt jedes Spiel eine eigene sportliche Veranstaltung dar. Bei Turnieren kommt es also auf die Gestaltung im Einzelfall an (AEAO zu § 67a Nr. 23).

Bei der Anwendung von § 67a Abs. 3 AO ist die Höhe der Einnahmen oder Überschüsse aus sportlichen Veranstaltungen ohne Bedeutung für die Beurteilung als Zweckbetrieb oder wirtschaftlicher Geschäftsbetrieb (AEAO zu § 67a Nr. 22). Handelt es sich bei der sportlichen Veranstaltung um Sportunterricht, ist die Bezahlung der Ausbilder unerheblich für die Beurteilung, ob ein Zweckbetrieb vorliegt (AEAO zu § 67a Nr. 24).

Während bei der Anwendung von § 67a Abs. 1 AO immer entweder ein Zweckbetrieb oder ein wirtschaftlicher Geschäftsbetrieb „sportliche Veranstaltungen" vorliegt, sind bei Anwendung des § 67a Abs. 3 AO drei Situationen denkbar:

1. Der Sportverein fasst alle sportlichen Veranstaltungen in einem Zweckbetrieb „sportliche Veranstaltungen" zusammen, da er nur unbezahlte Sportler einsetzt.

2. Der Sportverein fasst alle sportlichen Veranstaltungen in einem wirtschaftlichen Geschäftsbetrieb „sportliche Veranstaltungen" zusammen, weil er bei jeder sportlichen Veranstaltung mindestens einen bezahlten Sportler einsetzt.

3. Der Sportverein hat sowohl einen Zweckbetrieb als auch einen wirtschaftlichen Geschäftsbetrieb „sportliche Veranstaltungen". Dies ist

der Fall, wenn der Sportverein sowohl sportliche Veranstaltungen, an denen nur unbezahlte Sportler teilnehmen, als auch sportliche Veranstaltungen, an denen bezahlte Sportler teilnehmen, durchführt. In diesem Fall spielt die Beurteilung der einzelnen Spiele einer Meisterschaftsrunde als eigene sportliche Veranstaltungen eine entscheidende Rolle.

3.5.3.2 Sportler des Vereins

Für die Beurteilung, ob ein Sportler bei einer sportlichen Veranstaltung als bezahlter Sportler anzusehen ist, muss zwischen „Sportlern des Vereins" (§ 67a Abs. 3 Satz 1 Nr. 1 AO) und „anderen Sportlern" (§ 67a Abs. 3 Satz 1 Nr. 2 AO) unterschieden werden. Als Sportler des Vereins gelten alle Sportler, die sich für den Verein sportlich betätigen. Vereinssportler sind also nicht nur die aktiven Mitglieder des Sportvereins, sondern auch sämtliche Sportler, die, ohne formell Mitglied zu sein, für den Sportverein z. B. in einer Vereinsmannschaft auftreten (AEAO zu § 67a Nr. 30).

Ein Vereinssportler gilt als unbezahlter Sportler, wenn er für seine sportliche Betätigung oder für die Benutzung seiner Person, seines Namens, seines Bildes oder seiner sportlichen Betätigung zu Werbezwecken von dem Verein oder einem Dritten über eine Aufwandsentschädigung hinaus keine Vergütungen oder andere Vorteile erhält (§ 67a Abs. 3 Satz 1 Nr. 1 AO).

Mäzene und Sponsoren des Vereins, andere Sportvereine sowie Unternehmen sind als Dritte anzusehen. Aufwandsentschädigungen, Startgelder, Preisgelder, Punkte- und Aufstiegsprämien sind Vergütungen i. S. d. § 67a Abs. 3 Satz 1 Nr. 1 AO. Auch Gelder, die der Sportler für seine Werbetätigkeit erhält, zählen zu den Vergütungen. Als Aufwandsentschädigung gilt der Ersatz von Aufwendungen, die Werbungskosten/Betriebsausgaben (z. B. Fahrtkosten, Verpflegungsmehraufwendungen, Sportkleidung usw.) sind. Unter anderen Vorteilen sind Sachzuwendungen (z. B. Schmuckstücke, Urlaubsreisen, Kfz-Gestellung, Werbegeschenke, Kleider usw.) zu verstehen. Es spielt keine Rolle, ob die Vergütungen laufend oder zum Saisonende ausgezahlt werden. Für die Beurteilung, ob die Vergütungen über eine Aufwandsentschädigung hinausgehen, sind alle Vergütungen, die ein Sportler in einem Jahr für seine sportliche Betätigung und als Werbeträger erhält, insgesamt maßgebend. Was der Vereinssportler anlässlich einer einzelnen Veranstaltung erhält, spielt keine Rolle.

Erhält ein Vereinssportler nur eine Aufwandsentschädigung und werden die Aufwendungen einzeln nachgewiesen, so ist dieser Sportler als unbezahlter Sportler anzusehen. Es spielt hierbei keine Rolle, wie hoch die Aufwandsentschädigung ist. Werden die Aufwendungen nicht einzeln nachgewiesen, so sind Zahlungen bis zu 400 € pro Monat im Jahresdurchschnitt, die ein Vereinssportler für seine gesamte sportliche Betätigung und als Werbeträger erhält, als pauschale Aufwandsentschädigung anzusehen (AEAO zu § 67a Nr. 31). Ein Vereinssportler, der pro Jahr eine pauschale Aufwandsentschädigung bis zu 4.800 € erhält, ist also als unbezahlter Sportler anzusehen.

Unbezahlte Sportler, die mit bezahlten Sportlern in der gleichen Mannschaft spielen, werden dadurch nicht selbst zu bezahlten Sportlern (AEAO zu § 67a Nr. 36).

Der veranstaltende Sportverein setzt keine bezahlten Sportler ein, wenn bezahlte Sportler an seiner sportlichen Veranstaltung teilnehmen, die weder als Vereinssportler anzusehen sind noch unmittelbar oder mittelbar von ihm bezahlt werden. Solche Sportler können z. B. bezahlte Sportler des Gastvereins sein, die vom Gastverein anlässlich eines Freundschafts-, Pokal- oder Meisterschaftsspiels eingesetzt werden.

 Hinweis:

Ein Spielertrainer gilt als unbezahlter Sportler, wenn er für seine Trainertätigkeit bezahlt wird und für seine Spielertätigkeit nicht mehr als eine Aufwandsentschädigung erhält (AEAO zu § 67a Nr. 35).

3.5.3.3 Anderer Sportler

Ein anderer Sportler ist ein vereinsfremder Sportler. Als solche sind vor allem vereinsfremde Einzelsportler anzusehen, die im Rahmen von nationalen und internationalen Sportfesten und Meisterschaften auftreten.

Ein vereinsfremder Sportler ist ein unbezahlter Sportler, wenn er für die Teilnahme an der sportlichen Veranstaltung nicht mehr als eine reine Aufwandsentschädigung vom veranstaltenden Verein oder einem Dritten im Zusammenwirken mit dem veranstaltenden Verein erhält. Zahlungen, die ein vereinsfremder Sportler von einem Dritten (z. B. einem anderen Sportverein) ohne Zusammenwirken mit dem veranstaltenden Verein erhält, spielen keine Rolle. Es dürfen nur die tatsächlichen Aufwendungen des Sportlers für die Teilnahme an der Veranstaltung erstattet werden, deshalb ist ein Einzelnachweis der Aufwendungen erforderlich.

 Achtung:

Die Aufwandspauschale von 400 € je Monat im Jahresdurchschnitt gilt nicht für vereinsfremde Sportler. Deshalb kann bereits die Zahlung eines Preisgeldes von 300 €, das über die Aufwandsentschädigung hinausgeht, einen steuerpflichtigen wirtschaftlichen Geschäftsbetrieb begründen (AEAO zu § 67a Nr. 32).

Sportler, die einem bestimmten Sportverein angehören und die nicht selbst Mitglieder eines Sportverbandes sind, werden bei der Beurteilung der Zweckbetriebseigenschaft von Veranstaltungen des Verbandes als andere Sportler i. S. d. § 67a Abs. 3 Satz 1 Nr. 2 AO angesehen. Erhält der Sportler für die Teilnahme an einer sportlichen Veranstaltung eines Sportverbandes (z. B. Länderspiele) eine Vergütung von seinem Sportverein, so ist diese Vergütung als Zahlung von einem Dritten im Zusammenwirken mit dem Verband zu beurteilen (AEAO zu § 67a Nr. 37). Hierbei wird unterstellt, dass zwischen dem Verein und dem Verband zumindest ein bestimmtes Einvernehmen über die Vergütung an den Sportler für den Verbandseinsatz besteht.

3.5.3.4 Zuwendungen an Spitzensportler

Zuwendungen der Stiftung Deutsche Sporthilfe, Frankfurt, und vergleichbarer Einrichtungen an Spitzensportler sind in der Regel als Ersatz von besonderen Aufwendungen der Spitzensportler für ihren Sport anzusehen. D. h., dass diesen Zuwendungen Aufwendungen in gleicher Höhe gegenüberstehen. Diese Zuwendungen sind deshalb nicht auf die Aufwandspauschale von 400 € je Monat im Jahresdurchschnitt anzurechnen.

Weisen Sportler die tatsächlichen Aufwendungen nach, so muss sich der Nachweis auch auf die Aufwendungen erstrecken, die den Zuwendungen der Stiftung Deutsche Sporthilfe und vergleichbarer Einrichtungen gegenüberstehen (AEAO zu § 67a Nr. 33).

3.5.3.5 Kostenzuordnung beim Einsatz bezahlter Sportler

Gilt ein Sportler in einem Jahr (Kalenderjahr oder abweichendes Wirtschaftsjahr) als bezahlter Sportler, sind bei Anwendung von § 67a Abs. 3 AO alle sportlichen Veranstaltungen dieses Jahres, an denen der Sportler teilnimmt, dem wirtschaftlichen Geschäftsbetrieb „sportliche Veranstaltungen" zuzuordnen. Da erst am Ende des Jahres feststeht, ob ein Sportler als bezahlter Sportler anzusehen ist, kommt es für die Zuordnung der einzelnen sportlichen Veranstaltungen zum wirtschaftlichen Geschäftsbetrieb nicht darauf an, ob der Sportler die Merkmale des bezahlten Sportlers bereits zum Zeitpunkt der sportlichen Veranstaltung erfüllt (AEAO zu § 67a Nr. 25).

Da gemäß § 67a Abs. 3 Satz 3 AO die Vergütungen und anderen Vorteile in vollem Umfang aus wirtschaftlichen Geschäftsbetrieben oder von Dritten geleistet werden müssen, ist eine Aufteilung der Vergütungen nicht zulässig. Deshalb ist es bei der steuerlichen Gewinnermittlung nicht erlaubt, Vergütungen an bezahlte Sportler bis zu 4.800 € pro Jahr dem Zweckbetriebsbereich zuzuordnen, und nur den übersteigenden Betrag im wirtschaftlichen Geschäftsbetrieb „sportliche Veranstaltungen" zu erfassen (AEAO zu § 67a Nr. 26).

Werden in einem wirtschaftlichen Geschäftsbetrieb „sportliche Veranstaltungen" i. S. d. § 67a Abs. 3 Satz 2 AO sowohl unbezahlte als auch bezahlte Sportler eingesetzt, sind alle Kosten (Aufwandsentschädigungen an unbezahlte Sportler, Vergütungen der bezahlten Sportler, Trainingskosten, usw.) im Zusammenhang mit diesen Veranstaltungen grundsätzlich als Ausgaben des wirtschaftlichen Geschäftsbetriebs zu behandeln (AEAO zu § 67a Nr. 29).

Hat der Sportverein durch Anwendung von § 67a Abs. 3 AO sowohl einen Zweckbetrieb als auch einen wirtschaftlichen Geschäftsbetrieb „sportliche Veranstaltungen", müssen die Ausgaben (z. B. Trainingskosten) den beiden Betrieben sachgerecht (ggf. im Wege der Schätzung) zugeordnet werden. Da in einer Mannschaft sowohl unbezahlte als auch bezahlte Sportler eingesetzt werden können, und da die bezahlten Sportler in einer Mannschaft eventuell nicht immer eingesetzt werden, können sich erhebliche Zuordnungsprobleme ergeben. Ausgaben, die dem Zweckbetrieb „sportliche Veranstaltungen" eindeutig und ausschließlich zugeordnet werden können, dürfen den Gewinn des wirtschaftlichen Geschäftsbetriebs nicht mindern.

Allerdings wird den Vereinen bei der Behandlung der Kosten für unbezahlte Sportler ein Wahlrecht eingeräumt. Aufwandsentschädigungen für unbezahlte Sportler können aus Vereinfachungsgründen durch Mittel des ideellen Bereichs abgedeckt werden. Sie stellen dann keine Ausgaben des wirtschaftlichen Geschäftsbetriebs „sportliche Veranstaltungen" dar (AEAO zu § 67a Nr. 29).

3.6 Steuerpflichtige wirtschaftliche Geschäftsbetriebe

Wirtschaftliche Betätigungen eines steuerbegünstigten Vereins, die nicht als Zweckbetriebe angesehen werden können, unterliegen grundsätzlich der Körperschaft- und Gewerbesteuer. Bei diesen Geschäftsbetrieben wird unter dem Gesichtspunkt der Wettbewerbsneutralität des Steuerrechts eine steuerliche Begünstigung nicht für vertretbar gehalten.

Als steuerpflichtige wirtschaftliche Geschäftsbetriebe sind insbesondere folgende Betätigungen und Einrichtungen zu behandeln:

- Selbstbewirtschaftete Vereinsgaststätte, Kantinen, Casinos, Cafeterias, Getränkeautomaten, Wander- und Übernachtungsheime, auch wenn die Leistungen ausschließlich oder überwiegend Vereinsmitgliedern angeboten werden;
- Vereinsfeste (z. B. Faschingsbälle, Wein- und Bierfeste, Dorffeste, Sommerfeste, Discos, Tanzveranstaltungen, Nikolaus- oder Weihnachtsfeiern), auch wenn nur Mitglieder an diesen Veranstaltungen teilnehmen;
- Selbstbetriebene Werbung.

Selbstbetriebene Banden- und Lautsprecherwerbung, Inseratengeschäft	Verpachtetes Werbegeschäft	Trikotwerbung
voll steuerpflichtiger wirtschaftlicher Geschäftsbetrieb

Bei Werbung für Veranstaltungen im Zweckbetriebsbereich kann der Gewinn mit 15 % der Einnahmen angesetzt werden (§ 64 Abs. 6 AO). | steuerfreie Vermögensverwaltung; Entgelte (Lizenzgebühr, Pacht) unterliegen nur der Umsatzsteuer (ermäßigter Steuersatz). | voll steuerpflichtiger wirtschaftlicher Geschäftsbetrieb

Bei Werbung für Veranstaltungen im Zweckbetriebsbereich kann der Gewinn mit 15 % der Einnahmen angesetzt werden (§ 64 Abs. 6 AO). |

Eine neue Form der Werbung stellt die Pkw-Werbung dar. Dabei schließt eine GmbH mit Unternehmen Werbeverträge ab. Die Werbung erfolgt auf Karosserien von eigens dafür angeschafften Fahrzeugen (Pkw, Kleinbus). Damit die Fahrzeuge werbewirksam bewegt werden, werden sie gemeinnützigen Vereinen kostenlos zur Verfügung gestellt (mit besonderem Überlassungsvertrag). Die Vereine haben nur die Betriebskosten zu tragen. Nach Ablauf der Werbeverträge (i. d. R. nach fünf Jahren) geht das Eigentum an den Fahrzeugen unentgeltlich auf die Vereine über. In Einzelfällen wird der Verein auch sofort zivilrechtlicher Eigentümer des überlassenen Fahrzeugs.

Die Nutzung des Fahrzeugs durch den Verein führt bei diesem zur Annahme eines steuerpflichtigen wirtschaftlichen Geschäftsbetriebs, wenn der Verein vertraglich verpflichtet ist, das Fahrzeug über den zu eigenen Zwecken notwendigen Umfang hinaus einzusetzen oder werbewirksam abzustellen (OFD Frankfurt/M. vom 16.1.1997). Wie im Falle der entgeltlichen Übertragung des Rechts zur Nutzung von Werbeflächen auf der Sportkleidung (verpachtete Trikotwerbung) leistet der Verein durch die werbewirksame Nutzung des Fahrzeugs einen wesentlichen und aktiven Beitrag zum Erfolg der Werbemaßnahmen, der den Rahmen der Vermögensverwaltung überschreitet.

Geht das Fahrzeug sofort in das (zivilrechtliche und/oder wirtschaftliche) Eigentum des Vereins über, ist bei der Gewinnermittlung nach § 4 Abs. 3 EStG beim nutzenden Verein im Jahr des Zuflusses/der Übergabe der gemeine Wert als Einnahme im steuerpflichtigen wirtschaftlichen Geschäftsbetrieb „Werbung" anzusetzen. Wird das Fahrzeug hingegen z. B. erst nach fünf Jahren an den Verein übereignet, gehören

zunächst die ersparten Aufwendungen (geldwerte Vorteile) zu den Betriebseinnahmen im wirtschaftlichen Geschäftsbetrieb und zusätzlich
später der dann aktuelle gemeine Wert des Fahrzeugs im Zeitpunkt des
Übergangs auf den Verein. Zu den ersparten Aufwendungen gehört nur
die jährliche AfA für das Fahrzeug, wenn der Verein die übrigen Kosten
(Steuer, Versicherungen, Betriebs- und Reparaturkosten) selbst tragen
muss. Von den anzusetzenden (Betriebs-)Einnahmen können beim
Verein als Betriebsausgaben im wirtschaftlichen Geschäftsbetrieb
„Werbung" die tatsächlichen mit der Werbetätigkeit zusammenhängenden Ausgaben abgezogen werden. § 64 Abs. 6 AO ist ebenfalls anwendbar.

 Hinweis:

Zu der steuerlichen Behandlung des Sponsorings s. BMF-Schreiben
vom 18.2.1998 (BStBl. I S. 212) und BMF-Schreiben vom 22.8.2005
(BStBl. I S. 845) sowie das DWS-Merkblatt Nr. 1611 „Sponsoring
steuerlich optimal gestalten".

- Verkauf gespendeter oder gesammelter Sachen, z. B. Verkauf von
  Hand- und Bastelarbeiten oder von selbst zubereiteten Speisen und
  Getränken bei Wohltätigkeitsbazaren, Flohmärkten und Straßenfes-
  ten;
- Verkauf gesammelter Altmaterialien (Papier, Kleidung, Altglas, Altme-
  tall). Bei Altmaterialsammlungen gilt allerdings eine Sonderregelung.
  Nach § 64 Abs. 5 AO können Überschüsse aus der Verwertung unentgeltlich erworbenen Altmaterials außerhalb einer ständig dafür
  vorgehaltenen Verkaufsstelle in Höhe des branchenüblichen Reinge-
  winns geschätzt werden. Diese Vorschrift ist jedoch nur dann anzuwenden, wenn die Besteuerungsgrenze i. H. v. 35.000 € überschritten
  ist. Der branchenübliche Reingewinn ist bei der Verwertung von Altpapier mit 5 %, bei der Verwertung von anderem Altmaterial mit 20 %
  der Einnahmen anzusetzen. Zu den maßgeblichen Einnahmen gehört
  nicht die im Bruttopreis enthaltene Umsatzsteuer.

3.6.1 ABC der steuerpflichtigen wirtschaftlichen Geschäftsbetriebe

Folgende Betätigungen werden dem steuerpflichtigen wirtschaftlichen Geschäftsbetrieb zugeordnet:

- Altmaterialsammlungen
- Angelkartenverkauf
- Anzeigen- und Inseratengeschäft in einer Vereinszeitschrift oder Festschrift
- Basare
- Beschaffungsstellen
- Besichtungsentgelte von Aussichtstürmen (Schlösser und Kirchen sind Zweckbetriebe; strittig)
- Beteiligung an einer gewerblichen Personengesellschaft oder an einer Festgemeinschaft
- Beteiligung an einer Kapitalgesellschaft bei Einfluss auf die laufende Geschäftsführung oder im Rahmen der Betriebsaufspaltung
- Bewirtung bei kulturellen und sportlichen Veranstaltungen
- Bewirtung bei Festveranstaltungen
- Bewirtung in Gaststätten, Festzelten, Casinos, Wander- und Übernachtungsheimen
- Bootsbergung durch Lebensrettungsorganisation
- Dritte-Welt-Läden
- Gesellige Veranstaltungen
- Getränkeautomaten
- Jubiläumsveranstaltungen
- Kirmesveranstaltungen
- Kommunikationszentren in Form von Cafés, Teestuben oder Kneipen
- Krankenhausapotheken
- Maskenbälle
- Pferdepension
- Rückvergütung für Getränkeabnahmeverpflichtungen in der selbstbetriebenen Vereinsgaststätte
- Sponsoring (unter bestimmten Voraussetzungen auch ideeller Bereich oder Zweckbetrieb)
- Sportveranstaltungen mit Einnahmen über 35.000 € und ohne Option zum Zweckbetrieb
- Sportveranstaltungen mit bezahlten Sportlern und Einnahmen über 35.000 € mit Option zum Zweckbetrieb
- Sportveranstaltungen mit bezahlten Sportlern und Einnahmen unter 35.000 € mit Option zum steuerpflichtigen wirtschaftlichen Geschäftsbetrieb

- Tanzveranstaltungen
- Touristikreisen
- Totalisatorbetrieb eines gemeinnützigen Pferdesportvereins
- Trikotwerbung
- Überlassung von Sportanlagen an Nichtmitglieder
- Überlassung von Sportgeräten an Nichtmitglieder
- Vereinsausflug
- Vereinsfeste
- Vereinsgaststätte, selbstbewirtschaftet
- Verkauf von
  - Ansichtskarten, Dias, Poster
  - gebrauchten Wirtschaftsgütern aus dem steuerpflichtigen wirtschaftlichen Geschäftsbetrieb
  - gespendeten oder gesammelter Sachen (Basare, Flöhmärkte, Straßenfeste)
  - Kalender
  - neuen Wirtschaftsgütern (Sportgeräte, Musikinstrumente etc.)
  - Speisen und Getränken
- Vermietung von
  - Ausstellungsflächen auf Messen oder Kongressen
  - beweglichem Vereinsvermögen
  - Räumen für kurze Dauer
- Vermittlung von Versicherungsschutz
- Verwaltung einer fremden Sporthalle
- Waldfeste
- Werbung, selbstbetriebene
- Zentraleinkauf durch Wohlfahrtsverbände und Weiterverkauf des Ausrüstungsbedarfs (z. B. Medizin, Zelte, Krankenliegen etc.) an Landes- und Ortsverbände
- Zentrale Gehaltsabrechnungs- und Buchstellen
- Zentralwäschereien von steuerbegünstigten Krankenhäusern
- Zuwendungen der Sportartikelindustrie im Rahmen von Werbemaßnahmen

3.7   Die Besteuerung steuerpflichtiger wirtschaftlicher Geschäftsbetriebe

Nach § 64 Abs. 2 Abgabenordnung gelten mehrere steuerpflichtige wirtschaftliche Geschäftsbetriebe als ein steuerpflichtiger wirtschaftlicher Geschäftsbetrieb. Dies bedeutet, dass zunächst einmal alle Einnahmen aller wirtschaftlichen Geschäftsbetriebe zusammenzurechnen sind.

Der steuerpflichtige wirtschaftliche Geschäftsbetrieb eines Vereins unterliegt nicht der Körperschaft- und Gewerbesteuer, wenn die Gesamteinnahmen, einschließlich Umsatzsteuer, im Kalenderjahr

35.000 €

(bis 31.12.2006: 30.678 €) nicht überschreiten (Besteuerungsfreigrenze – § 64 Abs. 3 AO).

Übersteigen die Bruttoeinnahmen 35.000 € im Jahr, so ist eine Überschuss-/Gewinnermittlung durchzuführen, wobei zunächst alle Überschüsse/Gewinne der einzelnen steuerpflichtigen wirtschaftlichen Geschäftsbetriebe zusammenzurechnen und etwaige Verluste abzuziehen sind.

 Hinweis:

Die Einzelheiten der Überschuss-/Gewinnermittlung sowie die Besteuerung mit Körperschaft- und Gewerbesteuer ergibt sich aus den Textziffern 4 und 5.

3.8 Gestaltungsmöglichkeiten

Kleine und auch mittelgroße Vereine können durch legale Steuergestaltungen die Zahlung von Körperschaft- und Gewerbsteuer vermeiden. Hierbei ist zu beachten, dass die Gestaltungen auch zivilrechtlich wirksam durchgeführt werden. Strohmannverhältnisse, Scheinverträge oder Steuerumgehungen i. S. d. § 42 AO werden von der Finanzverwaltung nicht anerkannt.

3.8.1 Wenig erfolgreiche Gestaltungen

Keine oder nur geringe steuerliche Entlastung bringen folgende Gestaltungsmöglichkeiten:

* Durchführung von Veranstaltungen durch die Abteilungen
  Funktionale Untergliederungen gelten nicht als selbständige Steuersubjekte (§ 51 Satz 3 AO). Die Einnahmen und Überschüsse der Abteilungen werden dem Verein zugerechnet.

- Aufspaltung des Vereins in mehrere eingetragene Vereine
  Die Aufteilung eines Vereines in mehrere selbständige Vereine zur
  mehrfachen Inanspruchnahme der Freigrenze von 35.000 € gilt als
  Missbrauch von rechtlichen Gestaltungsmöglichkeiten nach § 42
  AO (§ 64 Abs. 4 AO). Der Freibetrag von 3.835 € nach § 24 KStG
  wird aber gewährt.

- Durchführung von Veranstaltungen durch mehrere Vereine (GdbR)
  Jedem Verein werden die anteiligen Umsätze und bei Überschreiten der 35.000 €–Freigrenze die anteiligen Überschüsse zugerechnet. Da jedoch die GdbR hinsichtlich Umsatz- und Gewerbesteuer
  selbständiges Steuersubjekt ist, können sich bei Anwendung der
  Kleinunternehmerregelung gem. § 19 Abs. 1 UStG und bei Unter-
  schreiten des Freibetrages von 24.500 € gem. § 11 Abs. 1 Nr. 1
  GewStG Vorteile ergeben.

- Verpachtung von Festveranstaltungen
  Wird einem Festwirt erlaubt, bei einer Veranstaltung des Vereins zu
  bewirten und erhält der Verein hierfür ein Entgelt, ist dieses nicht im
  Bereich Vermögensverwaltung, sondern im steuerpflichtigen wirtschaftlichen Geschäftsbetrieb zu erfassen. Allerdings ist in die Besteuerungsfreigrenze nicht der Umsatz des Festwirts, sondern nur
  die Provision einzubeziehen.

  Eine Einnahme in der Vermögensverwaltung liegt allerdings dann
  vor, wenn

  - der Pächter allein das wirtschaftliche Risiko trägt, d. h. der Ver-
    ein nicht für Verluste einstehen muss und die Pacht auch nicht
    gewinnabhängig ist,

    und

  - der Verein nicht aktiv zur Leistungserbringung durch den Päch-
    ter beiträgt, d. h. dem Pächter kein Personal bereitstellt (Aus-
    nahme: Auf- und Abbau von Zelten sowie Stellen der Musik).

- Zahlung von Aushilfslöhnen
  Aufgrund der Neuregelung der Minijobs ab 1.4.2003 war bis 2007
  die Zahlung von Aushilfslöhnen als Steuergestaltungsmodell inte-
  ressant, ab 2008 ist diese Gestaltung bei einem KSt-Satz von 15 %
  nicht mehr zu empfehlen.

3.8.2 Erfolgreiche Gestaltungen

- Verpachtung der Werbung und der Vereinsgaststätte
  Pachterträge sind in der Vermögensverwaltung zu erfassen. Dadurch ergibt sich eine erhebliche Entlastung bei der Besteuerungsfreigrenze (Einzelheiten s. Tz. 3.3).

- Keine Durchführung von Veranstaltungen oder Geschäften ohne zu erwartenden Überschuss
  Veranstaltungen, bei denen kein Überschuss erwartetet wird oder geplant ist (z. B. Vereinsausflüge), sollte nicht der Verein, sondern z. B. ein Unternehmer durchführen. Ebenso belastet der Verkauf von Sportkleidung an die Mitglieder nur die Besteuerungsfreigrenze, bringt aber für den Verein i. d. R. keinen finanziellen Vorteil.

- Verkauf im Namen von Dritten
  Bei Skibasaren oder sonstigem Verkauf von angelieferten gebrauchten Sachen ist darauf zu achten, dass der Verein nicht als Verkäufer sondern nur als Vertreter auftritt. Es ist deshalb ein gut sichtbares Plakat anzubringen „Wir verkaufen im Namen und auf Rechnung unserer Anlieferer". Der Verein hat in diesem Falle nur die Provision aber nicht den Umsatz zu erfassen.

- Auslagerung von wirtschaftlichen Tätigkeiten auf einen Förderverein
  Hat eine Körperschaft die satzungsmäßige Aufgabe, für die Verwirklichung steuerbegünstigter Zwecke durch eine andere Körperschaft oder eine juristische Person des öffentlichen Rechts finanzielle Mittel zu beschaffen, so kann diese Körperschaft (Förderverein, Spendensammelverein) nach § 58 Nr. 1 AO als steuerbegünstigt (gemeinnützig) anerkannt werden. Ein Förderverein muss in der Satzung lediglich seinen Zweck (z. B. Förderung des Sports oder Kultur) benennen. Die Angabe der „geförderten" Körperschaft ist nicht (mehr) erforderlich.

Für den Förderverein i. S. d. § 58 Nr. 1 AO gilt das Erfordernis der „Ausschließlichkeit", d. h. seine Steuerbegünstigung/Gemeinnützigkeit hängt entscheidend davon ab, dass nach der tatsächlichen Geschäftsführung die ideelle Zweckverwirklichung (z. B. Sammeln von Spenden, Öffentlichkeitsarbeit/Werbung für den geförderten Zweck bzw. die geförderte Körperschaft) evtl. wirtschaftliche Tätigkeiten und gesellige Veranstaltungen (weit) überwiegt.

Die Finanzverwaltung vertritt hierzu folgende Meinung:

- Sind bei einem Förderverein die Einnahmen aus steuerbegünstigten Tätigkeiten (z. B. Spenden, Mitgliedsbeiträge und Aufnahmegebühren) höher (mehr als 50 %) als die Einnahmen aus wirtschaftlichen Geschäftsbetrieben, bestehen gegen die Anerkennung der Gemeinnützigkeit grundsätzlich keine Bedenken.

- Betragen die steuerbegünstigten Einnahmen zwar mehr als 10 %, aber nicht mehr als 50 % der Einnahmen im wirtschaftlichen Geschäftsbetrieb, ist die Anerkennung der Gemeinnützigkeit möglich, wenn der Förderverein glaubhaft macht, dass die steuerbegünstigten Tätigkeiten die wirtschaftliche Betätigung zeitlich bei weitem überwiegen und dem Förderverein das Gepräge geben.
  In beiden Fällen kommt die Vorschrift des § 64 Abs. 4 AO grundsätzlich nicht in Betracht, denn die Gründung eines Fördervereins stellt keine Aufteilung einer Körperschaft dar.

- Betragen die steuerbegünstigten Einnahmen nicht mehr als 10 % der Einnahmen im wirtschaftlichen Geschäftsbetrieb, ist hingegen im Allgemeinen davon auszugehen, dass der wirtschaftliche Geschäftsbetrieb den Förderverein in gemeinnützigkeitsschädlicher Weise prägt.

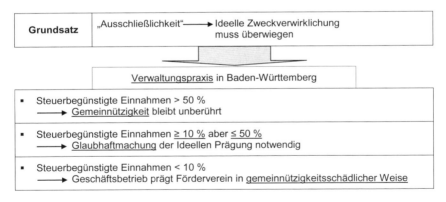

Ein Förderverein muss die gesammelten Mittel nicht sofort an die geförderte Einrichtung weiterleiten, er kann – im gleichen Umfang wie andere steuerbegünstigte Einrichtungen – unter bestimmten Voraussetzungen Rücklagen bilden (BFH vom 13.09.1989, BStBl. II 1990 S. 28). Dabei müssen die geförderten Projekte innerhalb einer angemessenen Zeitspanne verwirklicht werden, wobei hinsichtlich der Zeitvorstellung nicht kleinlich verfahren werden sollte (BFH vom 11.12.1974, BStBl. II 1975 S. 458).

4 Körperschaftsteuer

4.1 Besteuerungsverfahren

Steuerbegünstigte (gemeinnützige) Körperschaften unterliegen nur mit ihren steuerpflichtigen wirtschaftlichen Geschäftsbetrieben der Körperschaftsteuer.

Steuersubjekt ist nicht der wirtschaftliche Geschäftsbetrieb, sondern die Körperschaft selbst. Mehrere steuerpflichtige wirtschaftliche Geschäftsbetriebe einer Körperschaft sind deshalb zusammenzufassen, wobei auch ein Verlustausgleich möglich ist. Die Tätigkeiten und wirtschaftlichen Aktivitäten der Untergliederungen (Abteilungen) eines Vereins sind dem Gesamtverein zuzurechnen, so dass dieser auch für die steuerpflichtigen wirtschaftlichen Tätigkeiten der Untergliederungen Steuersubjekt und Steuerobjekt ist (§ 51 Satz 3 AO).

Hinweis:

Sind dagegen Untergliederungen eines Vereins rechtlich verselbstständigt (eigene e. V. im Gesamtverein), gilt dies auch steuerlich, soweit kein Missbrauch von rechtlichen Gestaltungsmöglichkeiten vorliegt (§ 64 Abs. 4 AO).

4.2 Ermittlung der Besteuerungsgrundlagen

Das Ergebnis (Gewinn/Verlust) aus dem steuerpflichtigen wirtschaftlichen Geschäftsbetrieb wird entweder durch Vermögensvergleich (Bilanzierung) oder durch Einnahme-Überschussrechnung ermittelt.

Die Erstellung von Bilanzen und Gewinn- und Verlustrechnungen wird bei steuerbegünstigten Vereinen selten in Betracht kommen. Bilanzierungspflicht besteht nur, wenn eine der folgenden Grenzen bei einem wirtschaftlichen Geschäftsbetrieb überschritten ist und das Finanzamt den Verein deswegen zur Bilanzierung aufgefordert hat:

| Jahresumsatz mehr als | 500.000 € (bis 31.12.2006: 350.000 €) |
| Jahresgewinn mehr als | 50.000 € (bis 31.12.2007: 30.000 €) |

Wurden früher diese Grenzen auf jeden einzelnen wirtschaftlichen Geschäftsbetrieb angewendet, sind ab 1.1.1990 alle wirtschaftlichen Geschäftsbetriebe zusammenzufassen. Hat deshalb ein Verein bei Zusammenrechnung aller wirtschaftlicher Geschäftsbetriebe die Gewinngrenze von 50.000 € überschritten, wird er vom Finanzamt zur Bilanzierung aufgefordert werden.

Wenn der Verein nicht freiwillig bilanziert (was stets möglich ist) und auch nicht bilanzierungspflichtig ist, muss das Ergebnis aus den steuerpflichtigen wirtschaftlichen Geschäftsbetrieben durch Einnahme-Überschussrechnung ermittelt werden. Dabei werden von den im jeweiligen Kalenderjahr zugeflossenen Betriebseinnahmen aus den steuerpflichtigen wirtschaftlichen Aktivitäten die damit wirtschaftlich zusammenhängenden, im gleichen Zeitraum tatsächlich geleisteten Betriebsausgaben abgezogen.

4.3 Bemessungsgrundlage

Bemessungsgrundlage für die Körperschaftsteuer ist nicht der Gewinn aus den steuerpflichtigen wirtschaftlichen Geschäftsbetrieben, sondern das steuerliche Einkommen. Hierzu kann das ermittelte Ergebnis aus den wirtschaftlichen Geschäftsbetrieben um bestimmte nichtabziehbare Ausgaben (§ 10 KStG) zu erhöhen und um abziehbare Ausgaben im Sinne von § 9 KStG zu vermindern sein. Ergibt sich unter Berücksichtigung der Zu- und Abrechnungen ein Verlust, ist dieser mit einem eventuellen Gewinn des Vorjahres bis zum Höchstbetrag von 511.500 € ausgleichsfähig (einjähriger Verlustrücktrag). Soweit der Verlust nicht zurückgetragen werden kann, ist er zeitlich unbeschränkt vortragsfähig und von eventuellen positiven Einkommen dieser Jahre abzuziehen. Der Höhe nach ist der Verlustabzug allerdings auf 1 Mio. € pro Kalenderjahr beschränkt. Darüber hinaus gehende Beträge können in diesem Kalenderjahr nur in Höhe von 60 % abgezogen werden. Die verbleibenden Verluste sind in kommenden Jahren abzuziehen. Der Verlustabzug muss immer im erstmöglichen Zeitpunkt und Jahr vorgenommen werden. Eine Wahlmöglichkeit besteht nicht.

Verluste und Gewinne aus Jahren, in denen die maßgeblichen Einnahmen die Besteuerungsgrenze nicht übersteigen, bleiben bei dem Verlustabzug (§ 10d EStG) außer Ansatz. Ein rück- und vortragsfähiger Verlust kann dadurch nur in Jahren entstehen, in denen die Einnahmen die Besteuerungsgrenze übersteigen. Dieser Verlust wird nicht für Jah-

re verbraucht, in denen die Einnahmen die Besteuerungsgrenze von
35.000 € nicht übersteigen.

 Beispiel:

Ein Sportverein hat im steuerpflichtigen wirtschaftlichen Geschäftsbetrieb 2005 bei Einnahmen von 40.000 € einen Verlust von 20.000 €
erzielt.

Die Einnahmen und Gewinne der Vorjahre und der folgenden Jahre
betragen:

Bruttoeinnahmen 2004	30.000,- €
Gewinn 2004	15.000,- €
Bruttoeinnahmen 2006	25.000,- €
Gewinn 2006	15.000,- €
Bruttoeinnahmen 2007	50.000,- €
Gewinn 2007	20.000,- €.

Der Verlust 2005 könnte zwar gesetzestechnisch mit dem Gewinn
2004 i. H. v. 15.000 € verrechnet werden. Da 2004 die Besteuerungsgrenze nicht überschritten wurde, ist eine Verlustverrechnung
jedoch nicht vorzunehmen. Es verbleiben deshalb als Verlustvortrag
20.000 €. Dieser Verlustvortrag wird erst mit dem Gewinn 2007
i. H. v. 20.000 € verrechnet, da auch 2006 die Besteuerungsgrenze
nicht überschritten wurde.

4.4 Freibetrag und Höhe der Körperschaftsteuer

Körperschaftsteuer fällt bei gemeinnützigen Vereinen erst an, wenn die
Bruttoeinnahmen aller steuerpflichtigen wirtschaftlichen Geschäftsbetriebe zusammen 35.000 € (bis 31.12.2006: 30.678 €) übersteigen.

Übersteigen die Einnahmen 35.000 €, ist stets vom Einkommen ein
Freibetrag i. H. v.

5.000 €

abzuziehen (bis 31.12.2008: 3.835 € – § 24 KStG).

Der verbleibende Betrag wird mit einem Körperschaftsteuersatz von 15 % (bis VZ 2007 25 %) besteuert (§ 23 Abs. 1 KStG).

 Beispiel:

Steuerliches Einkommen 2007	20.000 €
Freibetrag	- 3.835 €
Bemessungsgrundlage	16.165 €
KSt: 16.165 € x 25 % =	**4.041 €**

Steuerliches Einkommen 2008	20.000 €
Freibetrag	- 3.835 €
Bemessungsgrundlage	16.165 €
KSt: 16.165 € x 15 % =	**2.424 €**

Steuerliches Einkommen 2009	20.000 €
Freibetrag	- 5.000 €
Bemessungsgrundlage	15.000 €
KSt: 15.000 € x 15 % =	**2.250 €**

jeweils zzgl. 5,5 % Soli

5   Gewerbesteuer

5.1   Umfang der Steuerpflicht

Die Gewerbesteuerpflicht beschränkt sich bei gemeinnützigen Vereinen auf die wirtschaftlichen Geschäftsbetriebe. Die steuerliche Behandlung deckt sich insoweit mit der bei der Körperschaftsteuer.

Die steuerpflichtigen Betriebe werden in folgenden Fällen nicht besteuert:

* Die Einnahmen aus den steuerpflichtigen wirtschaftlichen Geschäftsbetrieben einschließlich der Umsatzsteuer übersteigen insgesamt nicht 35.000 € (bis 31.12.2006: 30.678 €) im Jahr (§ 64 Abs. 3 AO);
* der auf volle 100 € abgerundete Gewerbeertrag beträgt nicht mehr als 5.000 € (bis 31.12.2008: 3.900 € – § 11 Abs. 1 Nr. 2 GewStG).

5.2   Grundlagen zur Besteuerung

Besteuerungsgrundlage ist der Gewerbeertrag. Der Gewerbeertrag errechnet sich aus dem Gewinn des wirtschaftlichen Geschäftsbetriebes, bestimmten Hinzurechnungen und Kürzungen.

Hinzuzurechnen sind bei Vereinen insbesondere die Entgelte (Zinsen) für Schulden, die bei der Gewinnermittlung als Ausgaben abgesetzt wurden. Allerdings erfolgt nach der Unternehmenssteuerreform 2008 eine solche Hinzurechnung nur, wenn die Entgelte 100.000 € übersteigen. Der übersteigende Betrag wird nur zu einem Viertel angesetzt.

Als Kürzung kommt insbesondere der Abzug von 1,2 % des mit 140 % angesetzten Einheitswerts betrieblich genutzter Grundstücke oder Grundstücksteile (z. B. hinsichtlich des selbstbetriebenen Vereinsgaststättengrundstücks) in Betracht. Der sich ergebende Betrag ist noch um die noch nicht ausgeglichenen Gewerbeverluste zu kürzen.

Der sich danach ergebende Gewerbeertrag führt nach Abrundung auf volle 100 € nur zur Gewerbesteuerbelastung, soweit er über dem Freibetrag von 3.900 € liegt.

5.3 Gewerbesteuermessbescheid des Finanzamts

Die Gewerbesteuer wird nicht wie z. B. die Körperschaftsteuer oder die Umsatzsteuer unmittelbar aufgrund der Besteuerungsmerkmale festgesetzt. Es wird vielmehr durch Anwendung einer Messzahl ein Steuermessbetrag ermittelt, den das Finanzamt mit Gewerbesteuermessbescheid feststellt.

Der Gewerbesteuermessbetrag beträgt 3,5 v. H. des Gewerbeertrages (bis VZ 2007 5 %). Die Gewerbesteuer ist ab 2008 nicht mehr als Betriebsausgabe bei der Körperschaftsteuer abzugsfähig.

5.4 Gewerbesteuerbescheid der Gemeinde

Aufgrund des vom Finanzamt festgestellten Gewerbesteuermessbetrags erteilt die Gemeinde den eigentlichen Gewerbesteuerbescheid. Die Höhe der Gewerbesteuer richtet sich dabei nach dem jeweiligen Hebesatz der Gemeinde.

Anstelle des gesonderten Gewerbesteuerbescheids kann die Festsetzung auch durch einen kombinierten Bescheid erfolgen.

Einwendungen hinsichtlich der Ermittlung des Gewerbesteuermessbetrags (z. B. unzutreffende Gewinnermittlung) können nur gegenüber dem Finanzamt erhoben werden. Anträge hinsichtlich der Erhebung (z. B. Antrag auf Ratenzahlung) sind hingegen an die Gemeinde zu richten.

6   Umsatzsteuer

6.1   Allgemeines

Gemeinnützige Vereine unterliegen der Umsatzsteuer, soweit sie nachhaltig zur Erzielung von Einnahmen Lieferungen oder sonstige Leistungen gegen Entgelt ausführen, also unternehmerische Tätigkeit ausüben. Eine Gewinnerzielungsabsicht ist nicht erforderlich.

Nachhaltigkeit besteht bereits dann, wenn ein Verein im Abstand von mehreren Jahren gesellige Veranstaltungen durchführt (z. B. Bewirtung beim Narrentreffen alle 16 Jahre). Die Umsatzsteuerpflicht erstreckt sich jedoch nicht nur auf die Zweckbetriebe und die steuerpflichtigen wirtschaftlichen Geschäftsbetriebe. Auch der Bereich der Vermögensverwaltung (z. B. Pacht- und Mieteinnahmen) kann der Umsatzsteuer unterliegen. Einnahmen aus Mitgliedsbeiträgen, Zuschüssen oder Spenden (ideeller Bereich) an den Verein lösen jedoch keine Umsatzsteuer aus, da es in diesen Fällen an einer Gegenleistung des Vereins an den einzelnen Beitragszahler oder Spender fehlt (Abschn. 4 UStR).

Der EuGH hat in seinem Urteil vom 21.3.2002 (UR 2002, S. 320) entschieden, dass Mitgliedsbeiträge an Vereine nach der 6. EG-Richtlinie dann steuerpflichtig sind, wenn der Verein seinen Mitgliedern eine Leistung anbietet (Spielberechtigung im Golfclub). Der BFH ist inzwischen dem EuGH gefolgt (BFH-Urteil vom 11.10.2007, UR 2008, S. 153). Die Urteile werden von der deutschen Finanzverwaltung nicht einheitlich angewendet, da eine bundesweite Regelung fehlt. Wann die Finanzverwaltung und der Gesetzgeber auf diese Urteile reagiert, ist völlig unklar.

6.2   Umsätze des Vereins

Steuerbare Umsätze liegen immer dann vor, wenn der Verein in seinem unternehmerischen Bereich gegen Entgelt tätig wird. In Betracht kommen insbesondere folgende Betätigungen:

- Eigenbewirtschaftung einer Vereinsgaststätte oder Vereinskantine, auch wenn diese nur Mitgliedern zugänglich ist, sowie Vereinsfeste;
- Verkauf von Waren (z. B. Getränke, Würstchen und dgl.);
- Verkauf von Vereinsabzeichen, Sportgeräten, Festschriften und Fachbüchern, auch wenn der Verkauf nur an Mitglieder erfolgt (z. B. im Rahmen sportlicher Veranstaltungen);

- Verkauf von gebrauchten Gegenständen aus dem unternehmerischen Bereich sowie von gesammeltem Altpapier und dgl.;
- Verkauf von Losen für eine Vereinstombola;
- Abhaltung von kulturellen und sportlichen Veranstaltungen gegen Erhebung von Eintrittsgeldern;
- Vermietung und Verpachtung (auch stundenweise) von Grundstücken, Gebäuden, Räumen, Sportanlagen und sonstigen Einrichtungen und Gegenständen des Vereins (z. B. Sportgeräte);
- Überlassung von Flächen zur Anbringung von Reklame gegen Entgelt (z. B. Werbung auf Sportplätzen und Sportkleidung, Inserate in der Vereinszeitschrift oder Festschrift);
- Entgeltliche Überlassung des Rechts an Dritte, bei Veranstaltungen des Vereins bzw. in Räumen des Vereins Waren zu verkaufen und dgl. (Beispiel: Provision eines Automatenaufstellers).

6.3 Steuerbefreiungen

Das Umsatzsteuergesetz sieht viele Befreiungsvorschriften vor. Für Vereine sind insbesondere folgende Vorschriften von Bedeutung:

- Steuerbefreiung für Umsätze, die unter das Rennwett- und Lotteriesteuergesetz fallen. Allerdings entfällt die Steuerbefreiung, wenn Befreiung von der Lotteriesteuer besteht oder die Lotteriesteuer allgemein nicht erhoben wird (§ 4 Nr. 9b UStG). Da bei steuerbegünstigten Vereinen Lotteriesteuer erst ab einem Gesamtbetrag der Lose von 40.000 € anfällt, unterliegen die Einnahmen der Vereine aus Lotterien und Ausspielungen (vor allem Tombola-Veranstaltungen) regelmäßig der Umsatzsteuer.
- Steuerbefreiung der Umsätze aus der Vermietung und Verpachtung von Grundstücken (§ 4 Nr. 12 UStG). Hierunter fällt zum Beispiel die Vermietung und Verpachtung von Vereinsheimen und Kegelbahnen an einen selbständigen Gastwirt, von Turnhallen an andere Vereine oder an die Gemeinde. Nicht befreit sind die Vermietung von Betriebsvorrichtungen (z. B. Schankanlage, Einrichtung, Büromobiliar). Im Einzelfall kann eine Aufteilung des Miet- oder Pachtentgelts in einen steuerfreien und steuerpflichtigen Teil erforderlich sein. Hinsichtlich der Überlassung von Sportanlagen an Mitglieder und Nichtmitglieder (insb. Tennis-, Squash- und Badmintonplätze) hat der BFH seine ständige Rechtsprechung aufgegeben und mit Urteil vom 31.5.2001 (DB 2001 S. 1759) die Vermietung als einheitliche Leistung angesehen. Eine Aufteilung in die steuerfreie Vermietung

von Grund und Boden sowie in die steuerpflichtige Vermietung von Betriebsvorrichtungen erfolgt nicht mehr.

Wirkt sich die neue Rechtsprechung zuungunsten des Vereins aus, so kann die günstigere alte Rechtsauffassung noch bis 31.12.2004 angewendet werden (§ 27 Abs. 6 UStG – Gesetz zur Sicherstellung einer Übergangsregelung für die Umsatzbesteuerung von Alt-Sportanlagen vom 1. September 2002, BStBl. II S. 865).

- Leistungen im Rahmen der Wohlfahrtspflege (§ 4 Nr. 18 UStG).
- Steuerbefreiung für die Umsätze aus Vorträgen, Kursen und anderen Veranstaltungen wissenschaftlicher oder belehrender Art, wenn die Einnahmen überwiegend zur Deckung der Unkosten verwendet werden (§ 4 Nr. 22a UStG und Abschnitt 115 UStR). Zu den in § 4 Nr. 22a UStG bezeichneten Veranstaltungen belehrender Art gehören Sportunterricht und Sportkurse (z. B. Tennis-, Reit- oder Skiunterricht) für Vereinsmitglieder und Nichtmitglieder.
- Steuerbefreiung für die Umsätze aus kulturellen und sportlichen Veranstaltungen, soweit das Entgelt in Teilnehmergebühren besteht (§ 4 Nr. 22b UStG und Abschnitt 116 UStR).
- Hierunter fallen zum Beispiel Melde- oder Startgelder bei sportlichen Veranstaltungen (z. B. Trimm-Trab, Volksläufe, Grümpelturniere etc.). Für Eintrittsgelder ist die Befreiungsvorschrift des § 4 Nr. 22b UStG nicht anwendbar.
- Leistungen im Rahmen der Jugendhilfe (z. B. Zeltlager, Fahrten, Ausflüge, Treffen sowie Sportveranstaltungen) einschließlich der Beherbergung und Beköstigung der Jugendlichen und Betreuer (§ 4 Nr. 25a und b UStG und Abschnitt 119 UStR). Jugendliche i. S. d. § 25 UStG sind alle Personen vor Vollendung des 27. Lebensjahres.
- Lieferungen, wenn der Verein die gelieferten und entnommene Gegenstände ausschließlich für steuerfreie Tätigkeiten verwendet hat (§ 4 Nr. 28 UStG), z. B. Verkauf von gebrauchten Musikinstrumenten einer Musikschule oder eines Reitpferdes bei voriger Nutzung für Reitunterricht.

6.4   Verzicht auf Steuerbefreiung (§ 9 UStG)

Der Verein kann auf die Steuerbefreiung nach § 4 Nr. 8 a-g, 9a und Nr. 12 UStG verzichten, wenn der Umsatz an einen anderen Unternehmer für dessen Unternehmen ausgeführt wird. In den Fällen des § 19 Abs. 1 UStG (Kleinunternehmer) wäre dann aber auch eine Option zur Umsatzsteuer nach § 19 Abs. 2 UStG notwendig (siehe Tz. 6.5).

Tipp:

Hauptanwendungsfall im Vereinsbereich dürfte bei Verpachtung von Vereinsgaststätten der Verzicht auf die Umsatzsteuerfreiheit der Pachtentgelte (§ 4 Nr. 12a UStG) sein, um einen Vorsteuerabzug aus den Baukosten für die Gaststätte zu erlangen.

Eine Optionsmöglichkeit besteht nur, soweit der Umsatz einer unternehmerischen Tätigkeit des Vertragspartners und auch nicht Wohnzwecken dient. Damit scheidet zum Beispiel ein Verzicht auf die Steuerbefreiung für Mietentgelte aus der Pächterwohnung im Vereinsheim aus. Wegen der Einzelheiten der Option vgl. Abschnitt 148 UStR.

6.5 Kleinunternehmerregelung

Erzielt ein Verein Einnahmen aus einer steuerpflichtigen unternehmerischen Tätigkeit, so gilt folgendes:

Der Verein braucht keine Umsatzsteuer zu zahlen, wenn die jährlichen (Brutto-) Einnahmen aus unternehmerischer Tätigkeit

- im vorangegangenen Kalenderjahr 17.500 € nicht überstiegen haben und
- im laufenden Kalenderjahr voraussichtlich 50.000 € nicht übersteigen werden

(Kleinunternehmerregelung, § 19 Abs. 1 UStG). In diesem Fall dürfen vom Verein keine Steuerbeträge gesondert in Rechnung gestellt werden. Vorsteuern dürfen nicht abgezogen werden.

Tipp:

Der Verein kann auf diese Vereinfachungsregelung verzichten (§ 19 Abs. 2 UStG). Dies kann dann vorteilhaft sein, wenn ein Verein zum Beispiel aus dem Bau einer Vereinsgaststätte hohe Vorsteuerbeträge geltend machen kann. Eine Erklärung (Option) zur Umsatzsteuer bindet den Verein allerdings für fünf Jahre, faktisch jedoch über § 15a UStG bei Grundstücken und Gebäuden zehn Jahre (vgl. Tz. 6.8).

6.6 Steuersätze

Für die Umsätze im unternehmerischen Bereich der Vereine beträgt der

- Regelsteuersatz **19 %** (bis 31.12.2006: 16 %) und
- der ermäßigte Steuersatz **7 %** (§ 12 Abs. 2 Nr. 8a UStG).

Soweit die Vereine Umsätze aus der Verwirklichung ihrer gemeinnützigen Zwecke erzielen, zum Beispiel Einnahmen aus Sportveranstaltungen im Zweckbetrieb, unterliegen die Einnahmen dem ermäßigten Steuersatz von 7 %. Dies gilt auch für andere Umsätze im Rahmen eines steuerbegünstigten Zweckbetriebs und der Vermögensverwaltung.

Durch Art. 7 Nr. 5a des Jahressteuergesetzes 2007 ist § 12 Abs. 2 Nr. 8a UStG (ermäßigter Steuersatz für Vermögensverwaltung und Zweckbetriebe) dahingehend eingeschränkt worden, dass die Ermäßigung nicht anzuwenden ist, wenn ein Zweckbetrieb in erster Linie der Erzielung zusätzlicher Einnahmen dient, die in unmittelbarem Wettbewerb mit Umsätzen stehen, die dem vollen Steuersatz unterliegen. Durch das BMF-Schreiben vom 9.2.2007 (BStBl. I S. 218) wurde diese Bestimmung näher konkretisiert. Entgegen ersten Befürchtungen hat diese Vorschrift auf die Besteuerung der Zweckbetriebe von steuerbegünstigten Körperschaften nur geringe Bedeutung. Die Steuerermäßigung ist nur bei Behindertenwerkstätten und Integrationsprojekten unter gewissen Voraussetzungen ausgeschlossen, sowie i. d. R. bei Lotterien und Ausspielungen, wenn der Gesamtbetrag der Lose 17.500 € überschreitet. Einzelheiten ergeben sich aus dem zitierten BMF-Schreiben.

Soweit Umsätze im Rahmen eines steuerlich nicht begünstigten wirtschaftlichen Geschäftsbetriebs (zum Beispiel einer selbstbetriebenen Gaststätte oder einer Festveranstaltung) erzielt werden, beträgt die Umsatzsteuer 19 %.

Grundlage der Steuerberechnung ist das vom Verein vereinbarte oder vereinnahmte Entgelt ohne Umsatzsteuer. Meist wird die anfallende Umsatzsteuer nicht offen auf den Preis, beispielsweise einer Eintrittskarte, aufgeschlagen, sondern sie ist darin enthalten. Die Umsatzsteuer muss dann aus den Einnahmen (Bruttoentgelt) herausgerechnet werden. Für Umsätze, die dem ermäßigten Steuersatz von 7 % unterliegen, beträgt die Umsatzsteuer 6,54 %, für Umsätze, die dem allgemeinen Steuersatz von 19 % unterliegen, 15,97 % der Bruttoeinnahmen einschließlich Umsatzsteuer.

Beispiele:

a) Bruttoeinnahmen aus Sportveranstaltungen im Zweckbetrieb 10.000 €
hieraus Umsatzsteuer nach dem ermäßigten Steuersatz von 7 %
= **6,54 %** von 10.000 € = 654 €

b) Bruttoeinnahmen aus Getränkeverkäufen in der Vereinsgaststätte 10.000 €
bei Anwendung des Regelsteuersatzes von 19 % errechnet sich eine Umsatzsteuer von **15,97 %** von 10.000 € = 1.597 €

 Hinweis:

Schließen sich gemeinnützige Sportvereine zu Sport- und Spielgemeinschaften zusammen, so sind die Umsätze dieser Gemeinschaft nur mit dem ermäßigten Steuersatz zu besteuern, wenn die Umsätze, würde jeder Verein sie anteilig selbst ausführen, ebenfalls ermäßigt besteuert würden (Sportveranstaltungen im Zweckbetrieb). Diese Bestimmung (§ 12 Abs. 2 Nr. 8b UStG) gilt deshalb nicht für Gemeinschaften, an denen ein oder mehrere Vereine beteiligt sind, die ihre Sportveranstaltungen im steuerpflichtigen wirtschaftlichen Geschäftsbetrieb führen.

6.7   Vorsteuerabzug

Von der ermittelten Umsatzsteuer können die in Eingangsrechnungen gesondert ausgewiesenen Umsatzsteuerbeträge als Vorsteuer abgezogen werden, wenn diese Einkäufe den unternehmerischen Bereich des Vereins betreffen (z. B. Getränkeeinkäufe für die Vereinsgaststätte). Dagegen ist ein Vorsteuerabzug ausgeschlossen, wenn Gegenstände für den nichtunternehmerischen Bereich angeschafft werden (zum Beispiel Sportgeräte für ideelle Vereinszwecke, Ausnahmen s. u.).

Aufgrund des EuGH-Urteils vom 21.3.2002 (UR 2002, S. 320) können die Mitgliedsbeiträge der USt unterworfen werden und die Vorsteuer für Ausgaben im ideellen Bereich voll oder zumindest teilweise abgezogen werden. Da das Urteil von der deutschen Finanzverwaltung nicht angewandt wird, muss die USt und die Vorsteuer erklärt werden und gegen den ablehnenden Bescheid Einspruch und ggf. Klage eingereicht werden. Die abweichende Rechtsauffassung muss in der USt-Voranmeldung kenntlich gemacht werden, da sonst die Gefahr der Einleitung eines Strafverfahrens besteht.

Vorsteuer darf nur dann abgezogen werden, wenn die Umsatzsteuer in Rechnungen sowohl prozent- als auch betragsmäßig ausgewiesen ist (weitere Voraussetzungen des Vorsteuerabzugs ergeben sich aus § 14 Abs. 4 UStG).

Beispiel:

Getränkelieferung	1.000 €
+ 19 % MwSt.	190 €
	1.190 €

Von diesem Grundsatz gibt es eine wichtige Ausnahme:

Vorsteuerabzug bei Rechnungen über Kleinbeträge, deren Gesamtbetrag 200 € (bis 2006 100 €) nicht übersteigt, kann bei fehlendem gesonderten Steuerausweis der Vorsteuerbetrag selbst errechnet werden, wenn in der Rechnung der Steuersatz angegeben und der Gegenstand der Leistung ausreichend bezeichnet ist.

Wird ein Gegenstand sowohl für den unternehmerischen als auch für den nichtunternehmerischen Bereich eines Vereins verwendet (z. B. Sportgeräte oder Sportstätten werden für Jugendsport und entgeltliche Sportveranstaltungen benützt), so kann die Vorsteuer in vollem Umfang abgezogen werden. Zum Ausgleich dafür unterliegt die Verwendung des Gegenstandes für unternehmensfremde Zwecke (Ideeller Bereich) der Umsatzsteuer gem. § 1 Abs. 9a Nr. 1 UStG (unentgeltliche Wertabgabe). Dies bedeutet, dass in jedem Jahr der nichtunternehmerischen Nutzung Umsatzsteuer zu bezahlen ist, im Ergebnis also die Vorsteuer wieder anteilmäßig zurückgezahlt werden muss.

Da die Bemessung der Umsatzsteuer in diesen Fällen sehr schwierig ist, gewähren die UStR den Vereinen folgende Erleichterungen beim Vorsteuerabzug:

1. Die Vorsteuern werden im Verhältnis der Einnahmen im unternehmerischen Bereich zu den Einnahmen im nichtunternehmerischen Bereich aufgeteilt. Die Vorsteuer kann dann nur anteilmäßig geltend gemacht werden. Diese Aufteilung nach Abschn. 22 Abs. 7 UStR ist jedoch nur dann zulässig, wenn sie zu keinen unzutreffenden Ergebnissen führt. In den meisten Fällen wird deshalb das Finanzamt wie folgt verfahren:

2. Die Vorsteuern werden nach der tatsächlichen Nutzung des Gegenstandes aufgeteilt.

 Tipp:

Es empfiehlt sich, in diesen Fällen persönlich beim zuständigen Sachbearbeiter des Finanzamts vorzusprechen und eine möglichst günstige Aufteilung auszuhandeln.

6.8   Vorsteuerpauschalierung § 23a UStG

Durch das Vereinsförderungsgesetz wurde für Vereine, deren steuerpflichtiger Vorjahresumsatz 35.000 € (bis 31.12.2007: 30.678 €) nicht überschritten hat, die Möglichkeit geschaffen, die Vorsteuer zu pauschalieren. Die Umsatzsteuer ist dann wie folgt zu ermitteln:

Ausgangsumsatz netto x Steuersatz (7 % oder 19 %)
- Vorsteuerpauschale (7 % des steuerpfl. Umsatzes)
= Umsatzsteuerschuld (Zahllast)

Für Einnahmen aus kulturellen und sportlichen Veranstaltungen im Zweckbetriebsbereich fällt damit im Ergebnis keine Umsatzsteuer an. Die ermäßigte Umsatzsteuer in Höhe von 7 % wird durch die Möglichkeit der Vorsteuerpauschalierung in gleicher Höhe kompensiert.

Die Möglichkeit zur Inanspruchnahme der Vorsteuerpauschale ist auf nicht buchführungspflichtige steuerbegünstigte Einrichtungen (Vereine) mit einem steuerpflichtigen Vorjahresumsatz von 35.000 € (bis 31.12.2007: 30.678 €) beschränkt. Entscheidet sich ein Verein für die Pauschalierung der Vorsteuer, ist er hieran fünf Jahre gebunden.

 Achtung:

In diesem Fünf-Jahres-Zeitraum kann der Verein keine höheren Vorsteuern geltend machen als 7 % vom Nettoumsatz. Dies wirkt sich insbesondere dann negativ für den Verein aus, wenn er in diesem Zeitraum größere Investitionen tätigt. Jeder Verein sollte sich deshalb gut überlegen, ob er von diesem Wahlrecht Gebrauch machen will. Im Zweifel wird sich der Verein gegen die Pauschalierung aussprechen.

Sind die Voraussetzungen für die Anwendung des Durchschnittsatzes gegeben, kann der Verein spätestens bis zum zehnten Tage nach Ablauf des ersten Voranmeldungszeitraums eines Kalenderjahres erklären, dass er den Durchschnittsatz in Anspruch nehmen will. Die Erklärung bindet den Verein mindestens für fünf Kalenderjahre. Sie kann nur mit Wirkung vom Beginn eines Kalenderjahres an widerrufen werden. Der Widerruf ist spätestens bis zum zehnten Tag nach Ablauf des ersten Voranmeldungszeitraums dieses Kalenderjahres zu erklären. Eine erneute Anwendung des Durchschnittsatzes ist frühestens nach Ablauf von fünf Kalenderjahren zulässig.

6.9   Vorsteuerabzug beim Sportstättenbau

Besondere Probleme ergeben sich hinsichtlich des Vorsteuerabzugs beim Sportstättenbau und bei der Vermietung von Sportanlagen. Vorsteuern können nur insoweit abgezogen werden, als die Sportanlage unternehmerisch genutzt wird. Da die meisten Sportanlagen und Ver-

einsheime sowohl unternehmerischen als auch nicht unternehmerischen Zwecken dienen, ist die Vorsteuer sachgerecht aufzuteilen (s. A
86 UStR).

Hinsichtlich der Überlassung von Sportanlagen an Mitglieder und
Nichtmitglieder (insb. Tennis-, Squash- und Badmintonplätze) hat der
BFH seine ständige Rechtsprechung aufgegeben und mit Urteil vom
31.5.2001 (BStBl. II S. 658) die Vermietung als einheitliche Leistung
angesehen. Eine Aufteilung in die steuerfreie Vermietung von Grund
und Boden sowie in die steuerpflichtige Vermietung von Betriebsvorrichtungen erfolgt nicht mehr. Der Vorsteuerabzug beim Bau von Ten-
nis-, Squash- oder Badmintonhallen ist deshalb in voller Höhe möglich
(soweit keine Nutzung im ideellen Bereich vorliegt). Die neue Rechtsprechung kann auf alle noch nicht bestandskräftigen Fälle angewendet werden. Dabei können bisher nicht zum Abzug zugelassene Vorsteuerbeträge im Rahmen des 10-Jahres-Zeitraums des § 15a UStG
mit 1/10 pro Jahr geltend gemacht werden.

Wirkt sich die neue Rechtsprechung zuungunsten des Vereins aus, so
kann die günstigere alte Rechtsauffassung noch bis 31.12.2004 angewendet werden (§ 27 Abs. 6 UStG – Gesetz zur Sicherstellung einer
Übergangsregelung für die Umsatzbesteuerung von Alt-Sportanlagen
vom 1.9.2002; BStBl. II S. 865).

Mit Urteil vom 17.12.2008 (DStR 2009, 797) hat der BFH seine ständige Rechtsprechung bestätigt, dass die oben genannten Grundsätze
dann nicht anzuwenden sind, wenn eine Sporthalle im Ganzen langfris-
tig an einen anderen Verein vermietet wird. Da die Vermietung des Gebäudes nach § 4 Nr. 12a UStG von der Umsatzsteuer befreit ist, kann
mangels einer Optionsmöglichkeit auch keine Vorsteuer aus den Bau-
und Unterhaltungskosten abgezogen werden. Nur die Vermietung der
Betriebsvorrichtungen unterliegt der Umsatzsteuer und dem Vorsteuerabzug (was der BFH in seinem Urteil aber in unerklärlicher Weise in
Zweifel gezogen, aber nicht entschieden hat).

Das BFH-Urteil widerspricht nicht dem EU-Recht, da dieses in Arti-
kel 135 Abs. 1 Buchst. I MwStSystRL die Vermietung und Verpachtung
von Grundstücken ebenfalls steuerfrei stellt.

6.10   Anmeldung und Abführung der Umsatzsteuer

Die Anmeldung der Umsatzsteuer im elektronischen Verfahren (ELSTER) sowie die Überweisung der Umsatzsteuer an das Finanzamt, haben unaufgefordert bis zu folgenden Terminen zu erfolgen:

- monatlich bis zum 10. des Folgemonats, wenn die Umsatzsteuer im vorausgegangenen Kalenderjahr mehr als 7.500 € (bis 31.12.2008: 6.136 €) betrug,
- quartalsweise bis zum 10. des auf das Quartal folgenden Monats, wenn die Umsatzsteuer im vorangegangenen Kalenderjahr zwischen 1.000 € (bis 31.12.2008: 512 €) und 7.500 € betrug,
- jährlich zum 10. Januar des Folgejahres auf Antrag, wenn die Umsatzsteuer im vorausgegangenen Kalenderjahr nicht mehr als 1.000 € betrug.

7   Lohnsteuer

7.1   Der Verein als Arbeitgeber

Vereine, die zur Erfüllung ihrer Aufgaben Arbeitnehmer beschäftigen, sind Arbeitgeber und unterliegen als solche den allgemeinen Bestimmungen des Lohnsteuerrechts. Dabei spielt es keine Rolle, ob es sich um Aufgaben mit ideeller Zielsetzung (z. B. den eigentlichen Sportbetrieb) oder um solche mit wirtschaftlichem Charakter (z. B. Verkauf von Speisen und Getränken usw.) oder um verwaltungsmäßige Geschäfte (z. B. Vereinsgeschäftsstelle) handelt.

7.2   Arbeitnehmer des Vereins

Arbeitnehmer des Vereins sind Personen, die zu dem Verein in einem Dienstverhältnis stehen und daraus Arbeitslohn beziehen. Ein Dienstverhältnis liegt vor, wenn der Beschäftigte den ihm gegebenen geschäftlichen Weisungen über Art, Ort und Zeit der Beschäftigung folgen muss und nur seine Arbeitskraft schuldet. Auf die Dauer der Beschäftigung kommt es grundsätzlich nicht an. Auch Personen, die nur eine Aushilfs- oder Nebentätigkeit ausüben, sind – wenn die übrigen Voraussetzungen vorliegen – Arbeitnehmer.

Beispiele:

Als Arbeitnehmer sind z. B. anzusehen:

- Personen, die beim Verein fest angestellt sind,
- Personen, die im Rahmen eines wirtschaftlichen Geschäftsbetriebes, der vom Verein selbst unterhalten wird (z. B. Vereinsgaststätte, Festveranstaltungen), beschäftigt werden,
- Trainer und sonstige Übungsleiter, die von Vereinen hauptberuflich verpflichtet werden oder nebenberuflich mehr als sechs Stunden wöchentlich für den Verein tätig sind,
- Haus- und Platzkassierer sowie Platzwarte und Reinigungskräfte,
- Sportler, die dem Verein ihre Arbeitskraft für eine Zeitdauer, die eine Reihe von sportlichen Veranstaltungen umfasst, gegen Entgelt zur Verfügung stellen und danach verpflichtet sind, an Trainingsveranstaltungen und Sportveranstaltungen teilzunehmen, und andererseits berechtigt sind, vom Verein das vereinbarte Entgelt zu fordern. Arbeitnehmer des Vereins sind deshalb unstrittig Lizenzspieler in der

Fußball-Bundesliga, so genannte Vertragsamateure und bezahlte Sportler i. S. d. § 67a AO. Amateursportler, die nur ihre Aufwendungen ersetzt erhalten (Fahrtkosten, Mehraufwand für Verpflegung, Sportkleidung) sind keine Arbeitnehmer (BFH-Urteil vom 23.10.1992, BStBl. 1993 II S. 303). An diese Sportler können deshalb auch Fahrtkosten von der Wohnung zum Training oder zu Heimspielen ohne Pauschalierung nach § 40 Abs. 2 EStG ausbezahlt werden.

7.3   Keine Arbeitnehmer

Personen, die bei ihrer Tätigkeit für den Verein, z. B. im Spiel- und Übungsbetrieb, in einem wirtschaftlichen Geschäftsbetrieb oder in der Verwaltung nicht fest in die Vereinsorganisation eingegliedert sind und sich nicht an geschäftsleitende Weisungen halten müssen, sondern in eigener Verantwortung handeln, sind selbständig tätig und nicht Arbeitnehmer. Keine Arbeitnehmer sind deshalb z. B.:

- nebenberufliche Trainer und sonstige nebenberufliche Übungsleiter von Turn- und Sportvereinen, wenn sie durchschnittlich nicht mehr als sechs Stunden wöchentlich für den Verein tätig sind (Verwaltungsregelung; diese Regelung gilt jedoch nicht im Sozialversicherungsrecht),
- Tennistrainer, Golf- und Reitlehrer, wenn der Verein nur den Platz zur Verfügung stellt und der Trainer auf eigene Rechnung arbeitet. Dies gilt jedoch dann nicht, wenn der Trainer direkt vom Verein bezahlt wird und den Weisungen des Vereins unterliegt (z. B. beim Mannschafts- und Jugendtraining). Hauptberufliche selbstständige Trainer werden aber nicht zu Arbeitnehmern, wenn sie nur gelegentlich (auch mehr als 6 Stunden in der Woche) Mannschaftstraining durchführen.
- Vereinsmitglieder, deren Tätigkeit bei besonderen Anlässen eine bloße Gefälligkeit oder eine gelegentliche Hilfeleistung darstellt, die als Ausfluss persönlicher Verbundenheit und nicht zu Erwerbszwecken erbracht wird. Das ist z. B. dann der Fall, wenn sich Vereinsmitglieder bei einer einmal im Jahr stattfindenden Vereinsfeier zu bestimmten Arbeiten zur Verfügung stellen oder bei sportlichen Veranstaltungen als Helfer einspringen und dafür eine Vergütung erhalten, die offensichtlich nicht mehr als eine Abgeltung des Verpflegungsmehraufwandes darstellt. Bisher wurden in der Regel 4,50 €/Tag von der Finanzverwaltung anerkannt.
- Pächter von vereinseigenen Gaststätten; diese sind gewerbliche Unternehmer,

- Musikkapellen, die für den Verein nur gelegentlich tätig sind. Die für diese Personen gezahlten Vergütungen unterliegen nicht dem Lohnsteuerabzug, sondern führen ggf. beim Empfänger zur Einkommensteuerveranlagung. Für ausländische Musikkapellen ist die Abzugssteuer nach § 50a EStG in Höhe von 20 % an das Finanzamt abzuführen.

7.4 Ehrenamtliche Tätigkeit

Die unentgeltliche Ausübung eines Ehrenamtes (z. B. als Vereinsvorsitzender) begründet kein Dienstverhältnis im steuerlichen Sinne. Daran ändert auch die allgemein übliche Regelung nichts, dass diesen ehrenamtlich Tätigen tatsächlich entstandene Kosten ersetzt werden (z. B. Reisekosten, Portokosten, Telefongebühren). Steuerbare Einkünfte eines Ehrenamtlichen als Arbeitnehmer oder selbstständig Tätigen lagen bisher nach Ansicht der Finanzverwaltung nur dann vor, wenn die Einkünfte (Aufwandsentschädigung minus steuerlich abziehbare Ausgaben) mindestens 256 € betragen. Eine jährliche pauschale Aufwandsentschädigung von 255 € war deshalb bisher steuerlich unbeachtlich (§ 22 Nr. 3 EStG).

Ab 1.1.2007 sind Einnahmen aus nebenberuflichen Tätigkeiten für steuerbegünstigte Körperschaften nach § 3 Nr. 26a EStG in Höhe von 500 € / Jahr steuerfrei (Freibetrag). Wird nun die Ehrenamtspauschale gem. § 3 Nr. 26a EStG geltend gemacht, müsste die jährliche steuerfreie pauschale Zuwendung an den Funktionär unter Fortführung dieser Verwaltungsauffassung 755 € betragen. Diese Rechtsauffassung hat das BMF-Schreiben vom 25.11.2008 zur Ehrenamtspauschale (BStBl. I S. 985) hinsichtlich des ehrenamtlichen Betreuers auch bestätigt. Leider geht das Schreiben nicht auf den ehrenamtlichen Vorstand ein. Aus diesem Grunde wird der höhere Betrag von der Finanzverwaltung in vielen Bundesländern nicht steuerfrei gewährt. Die Finanzbehörden gehen vielmehr davon aus, dass die 500 € übersteigende Vergütung als Arbeitslohn zu versteuern sei. Sollten deshalb höhere Vergütungen als 500 € bezahlt werden, ist eine Abstimmung mit dem zuständigen Finanzamt dringend anzuraten.

7.5 Allgemeine Aufwandspauschale für ehrenamtlich Tätige (§ 3 Nr. 26a EStG)

7.5.1 Allgemeines

Nach § 3 Nr. 26a EStG sind Einnahmen aus nebenberuflichen Tätigkeiten im Dienst oder Auftrag einer inländischen juristischen Person des öffentlichen Rechts oder einer unter § 5 Abs. 1 Nr. 9 des Körperschaftsteuergesetzes fallenden Einrichtung zur Förderung gemeinnütziger, mildtätiger und kirchlicher Zwecke (§§ 52 bis 54 der Abgabenordnung) bis zur Höhe von insgesamt 500 € im Jahr steuerfrei (Gesetz zur weiteren Stärkung des bürgerschaftlichen Engagements, BStBl. I 2007 S. 815).

Da sich die Steuerbefreiung wie ein Freibetrag auswirkt, ist erst der übersteigende Betrag steuer- und ggf. sozialversicherungspflichtig, bei Arbeitnehmern entweder als Minijob oder aber im Rahmen eines sozialversicherungspflichtigen Beschäftigungsverhältnisses, bei Selbstständigen im Rahmen der Gewinneinkunftsarten oder als sonstige Einkünfte nach § 22 Nr. 3 EStG.

Im Schreiben vom 25.11.2008 (BStBl. I S. 985) hat das BMF zur Anwendung des § 3 Nr. 26a EStG Stellung genommen.

7.5.2 Anspruchsberechtigte

Die Ehrenamtspauschale kann entgegen dem Wortlaut gerade nicht derjenige in Anspruch nehmen, der ehrenamtlich (also unentgeltlich) für eine begünstigte Körperschaft tätig ist, sondern derjenige, der für seinen Zeitaufwand eine Vergütung von der Körperschaft erhält. Notwendige Aufwendungen (Porto, Telefon, Fahrtkosten) konnten bisher schon steuerfrei ersetzt werden.

Grundsätzlich fallen unter die Ehrenamtspauschale alle Personen, die bei der Körperschaft als Funktionäre, Arbeitnehmer oder in deren Auftrag tätig sind. Hierzu gehört insbesondere die Tätigkeit als:

- Vorsitzender, stv. Vorsitzender,
- Schatzmeister, Kassenwart,
- Schriftführer,
- Geschäftsführer,
- Abteilungsleiter,

- Bürokraft für Buchhaltung oder Mitgliederverwaltung,
- Platzwart, Zeugwart,
- Hausmeister,
- Reinigungskräfte,
- Ordner,
- Schiedsrichter,
- Aufsicht im Schwimmbad,
- Hunde- oder Pferdetrainer,
- Mitarbeiter im Rahmen von „Essen auf Rädern",
- Betreuer oder Assistenzbetreuer im Sinne des Betreuungsrechts.

Nicht begünstigt ist nach dem o. g. BMF-Schreiben die Tätigkeit als Sportler. Diese Rechtsauffassung ist allerdings m. E. nicht mit dem Wortlaut der Vorschrift vereinbar und dürfte zu gerichtlichen Auseinandersetzungen führen.

7.5.3 Umfang der Tätigkeit

Nach § 3 Nr. 26a EStG werden nur nebenberufliche Tätigkeiten begünstigt, dies bedeutet, dass die Tätigkeit nicht mehr als 1/3 der Arbeitszeit eines vergleichbaren Vollzeiterwerbs – bezogen auf das Kalenderjahr – in Anspruch nehmen darf (ca. 550 Stunden/Jahr). Übt ein Steuerpflichtiger mehrere verschiedenartige Tätigkeiten aus, ist die Nebenberuflichkeit für jede Tätigkeit getrennt zu beurteilen. Mehrere gleichartige Tätigkeiten (auch bei verschiedenen Vereinen) müssen zusammengerechnet werden, wenn sie sich nach der Verkehrsanschauung als Ausübung eines einheitlichen Hauptberufs darstellen (z. B. Erledigung der Buchführung bei mehreren Vereinen). Eine Tätigkeit wird nicht nebenberuflich ausgeübt, wenn sie als Teil der Haupttätigkeit anzusehen ist. Dies ist auch bei formaler Trennung von nichtselbständiger und selbständiger Tätigkeit für denselben Arbeitgeber anzunehmen (z. B. ein hauptamtlicher Geschäftsführer ist auch noch als Abteilungsleiter für den Verein tätig).

7.5.4 Förderung steuerbegünstigter Zwecke

Vergütungen sind nur dann steuerfrei, wenn die Tätigkeit zur Förderung gemeinnütziger, mildtätiger oder kirchlicher Zwecke im Dienst oder Auftrag einer Körperschaft des öffentlichen Rechts (Stadt, Land, Bund, Hochschule, Steuerberaterkammer, Industrie- und Handelskammer) oder einer steuerbegünstigten Körperschaft des privaten Rechts (Verein, Stiftung, gGmbH) ausgeübt wird. Die Tätigkeit bei Berufsverbänden (Arbeitgeberverbände, Gewerkschaften) oder Parteien ist nicht begünstigt.

Rechtliche Betreuer handeln im Dienst oder Auftrag einer juristischen Person des öffentlichen Rechts und erhalten deshalb auch die Ehrenamtspauschale.

Die Tätigkeit muss im steuerbegünstigten Bereich (Ideeller Bereich oder Zweckbetrieb) ausgeübt werden, eine Tätigkeit in der Vermögensverwaltung oder im steuerpflichtigen wirtschaftlichen Geschäftsbetrieb erfüllt die Voraussetzungen nicht. Der Zeugwart einer Fußballprofimannschaft kann die Ehrenamtspauschale deshalb ebenso wenig erhalten, wie die Helfer bei Vereinsfesten.

Die Tätigkeit kann auch im steuerbegünstigten Bereich einer Körperschaft des öffentlichen Rechts ausgeübt werden (z. B. als Aufsichtsperson im Schwimmbad oder als nebenberuflicher Kirchenvorstand). Dabei spielt es keine Rolle, wenn die Tätigkeit auch in den Hoheitsbereich der öffentlich-rechtlichen Körperschaft fällt.

Musste bisher die Tätigkeit für eine inländische Körperschaft ausgeübt werden, wurde diese Beschränkung durch das JStG 2009 aufgehoben.

7.5.5 Kollision mit anderen Steuervergünstigungen

Die Ehrenamtspauschale wird nicht gewährt, wenn die betreffenden Personen bereits ganz oder teilweise von den Regelungen der "Übungsleiterpauschale" nach § 3 Nr. 26 EStG (2.100 €/Jahr) oder von Aufwandsentschädigung aus öffentlichen Kassen nach § 3 Nr. 12 EStG (z. B. Feuerwehrleute) profitieren.

Etwas anderes gilt in den Fällen, in denen ein nebenberuflicher Trainer oder Übungsleiter gleichzeitig eine weitere ehrenamtliche Tätigkeit im Verein ausübt.

Beispiel:

Der 1. Vorsitzende erhält vom Sportverein für die Teilnahme an Vorstandssitzungen ein Sitzungsgeld von 500 €. Er leitet außerdem donnerstags das Seniorenturnen und erhält dafür 1.200 €.

Der 1. Vorsitzende kann sowohl die steuerfreie Einnahme nach § 3 Nr. 26 EStG für seine Übungsleitertätigkeit wie auch die steuerfreie Einnahme nach § 3 Nr. 26a EStG für die Vorstandstätigkeit in Anspruch nehmen. Es handelt sich nicht um Vergütungen für ein und dieselbe Tätigkeit.

Die Tätigkeiten müssen allerdings eindeutig voneinander trennbar sein und besonders vergütet werden. Außerdem sind eindeutige Vereinbarungen erforderlich. Einsatz- und Bereitschaftsdienstzeiten der Rettungssanitäter und Ersthelfer sind als einheitliche Tätigkeit zu behandeln, die insgesamt nach § 3 Nr. 26 EStG begünstigt sein kann und für die deshalb auch nicht teilweise die Steuerbefreiung nach § 3 Nr. 26a EStG gewährt wird.

Andere Steuerbefreiungsvorschriften sind jedoch neben § 3 Nr. 26a EStG anwendbar (z. B. § 3 Nr. 13 oder 16 EStG). Die Vorschriften sind in der Reihenfolge anzuwenden, wie sie für die Steuerpflichtigen am günstigsten sind.

Erzielt ein Steuerpflichtiger Einnahmen, die teils für eine nach § 3 Nr. 26a EStG begünstigte Tätigkeit und teils für eine andere Tätigkeit bezahlt werden, ist lediglich für den entsprechenden Anteil nach § 3 Nr. 26a EStG der Freibetrag zu gewähren.

Beispiel:

Die Buchhalterin erhält vom Verein für ihre Aufwendungen monatlich 40 €. Sie bucht zu 50 % Vorgänge im steuerbegünstigten Bereich sowie zu 50 % Vorgänge in der Vermögensverwaltung und im steuerpflichtigen wirtschaftlichen Geschäftsbetrieb.

Die Buchhalterin kann die Ehrenamtspauschale nur in Höhe von 50 % von 480 € = 240 € geltend machen. Da die Buchhalterin als Arbeitnehmerin anzusehen ist, muss der Verein für die restlichen 240 € Sozialversicherungsbeiträge und evtl. Lohnsteuer abführen.

7.5.6 Berücksichtigung der Ehrenamtspauschale

Die Ehrenamtspauschale kann jährlich bis zu 500 € ohne Einzelnachweis von der Körperschaft gewährt werden. Sie führt bei den Gewinneinkunftsarten und bei den sonstigen Einkünften zu steuerfreien Einnahmen und bei nichtselbstständiger Arbeit zur Lohnsteuerfreiheit. Die Körperschaft muss in dieser Höhe auch keine Sozialversicherungsbeiträge abführen (§ 14 Abs. 3 Satz 3 SGB IV).

Die Vorschrift des § 3 Nr. 26a EStG ist (obwohl das Gesetz erst zum 10.10.2007 in Kraft getreten ist) rückwirkend zum 1.1.2007 anzuwenden. Da der Freibetrag – wie die Übungsleiterpauschale – ein Jahresbetrag ist und nicht auf die Monate aufgeteilt werden muss, konnte der Gesamtbetrag noch in 2007 in Anspruch genommen werden.

 Achtung:

Die Regelung im Steuerrecht gilt nicht für die Sozialversicherung. Die Ehrenamtspauschale kann erst ab 1.1.2008 sozialversicherungsfrei ausbezahlt werden, da das SGB IV erst zu diesem Zeitpunkt diesbezüglich ergänzt worden ist. Eine vorherige Auszahlung führt bei Arbeitnehmern zur Sozialversicherungspflicht.

Die Ehrenamtspauschale kann auch bei einer nur vorübergehenden Tätigkeit in voller Höhe in Anspruch genommen werden kann.

Beispiel:

Eine Reinigungskraft erhält vom Verein für ihren Zeitaufwand für das Reinigen der Umkleidekabinen im Tennisclubheim von April bis Oktober monatlich 70 €.

Da der Gesamtbetrag jährlich 500 € (7 x 70 € = 490 €) nicht übersteigt, ist die Einnahme bei der Reinigungskraft steuerfrei, soweit sie nicht im steuerpflichtigen wirtschaftlichen Geschäftsbetrieb (Gaststätte) tätig ist. Der Verein muss keine Lohnsteuer und Sozialversicherungsbeiträge abführen.

Sind die tatsächlichen Aufwendungen höher als die Ehrenamtspauschale, kann der ehrenamtlich Tätige die höheren Aufwendungen in der Einkommensteuererklärung berücksichtigen. Ein zusätzlicher Abzug des Freibetrages ist nicht möglich.

Beispiel:

Der Schatzmeister erhält vom Verein für seine Aufwendungen jährlich 1.500 €. Seine tatsächlichen nachgewiesenen Aufwendungen betragen 800 €.

Der Schatzmeister hat die Einnahmen in Höhe von 1.500 € zu erklären und kann die tatsächlich (nachgewiesenen) Ausgaben als Werbungskosten oder Betriebsausgaben abziehen. Es verbleibt somit ein steuerpflichtiger Betrag von 700 €.

Da die steuerfreie Einnahme nach § 3 Nr. 26a EStG personenabhängig und nicht tätigkeitsabhängig ist, erhält jeder ehrenamtlich Tätige diesen Betrag nur einmal jährlich.

Beispiel:

Der Schatzmeister erhält vom Sportverein für seine Aufwendungen 400 €. Ein Ehrenamt zieht das andere nach sich; so ist er beim MV Frohsinn Schriftführer und erhält für diese Tätigkeit 350 € und hilft dem Bürgerverein beim Austeilen der Vereinsnachrichten für 200 € (keine Werbebroschüre).

Der Ehrenamtliche hat aus allen drei Tätigkeiten insgesamt 950 € erhalten. Nach Abzug von 500 € muss er 450 € in seiner Einkommensteuererklärung angeben und versteuern. Sollten die tatsächlichen Ausgaben höher als 500 € sein, kann er den übersteigenden Betrag zusätzlich von den Einnahmen abziehen.

Die Ehrenamtspauschale ist auch bei der Zusammenveranlagung von Ehegatten personenbezogen zu berücksichtigen. Eine Übertragung des nicht ausgeschöpften Teils von einem Ehegatten auf den anderen ist nicht möglich.

7.5.7 Auszahlung an den ehrenamtlichen Vorstand

Die unentgeltliche Ausübung eines Ehrenamtes (z. B. als Vereinsvorsitzender) begründet kein Dienstverhältnis im steuerlichen Sinne. Daran ändert auch die allgemein übliche Regelung nichts, dass diesen ehrenamtlich Tätigen tatsächlich entstandene Kosten ersetzt werden (z. B. Reisekosten, Portokosten, Telefongebühren). Steuerpflichtige Einkünfte eines Ehrenamtlichen lagen bisher nach Ansicht der Finanzverwaltung nur dann vor, wenn die Einkünfte (Aufwandsentschädigung minus steuerlich abziehbare Ausgaben) mindestens 256 € betragen. Eine jährliche pauschale Aufwandsentschädigung von 255 € war deshalb bisher steuerlich unbeachtlich (§ 22 Nr. 3 EStG).

Im o. g. BMF-Schreiben wird zwar nicht explizit zum Vorstand sondern zum Betreuer ausgeführt, dass bei Einkünften nach § 22 Nr. 3 EStG die Freigrenze weiterhin anzuwenden ist. Da der Vorstand nicht weisungsgebunden ist, liegt weder eine Arbeitnehmertätigkeit vor noch dürften selbstständige oder gewerbliche Einkünfte mangels Gewinnerzielungsabsicht vorliegen, so dass auch der Vorstand des Vereins ab 2007 jährlich 755 € pauschal ohne Nachweis erhalten kann.

 Achtung:

Der Mittelbindungsgrundsatz (§ 55 Abs. 1 AO) ist auch bei der neuen Ehrenamtspauschale zu berücksichtigen. Das bedeutet:

- Die Pauschale darf nur gewährt werden, wenn die Satzung des Vereins Zahlungen für Zeitaufwand an Funktionäre zulässt;
- die Pauschale darf nur bei Tätigkeiten für satzungsmäßige Zwecke gewährt werden;
- der Zahlung muss eine Gegenleistung des Empfängers für den Verein gegenüberstehen;
- die Zahlung darf nicht überhöht sein.

Die Pauschale darf auch auf keinen Fall für „Geldgeschenke" an Mitglieder und Amtsträger missbraucht werden. Hier gilt nach wie vor die 40-Euro-Grenze für Annehmlichkeiten – und auch nur dann, wenn es sich um Sachgeschenke handelt.

Insbesondere müssen die satzungsrechtlichen Voraussetzungen überprüft und ggf. geschaffen werden, damit ehrenamtliche Mitarbeiter – insbesondere Vorstandsmitglieder – überhaupt pauschale Zahlungen erhalten können. Gemeinnützigkeitsrechtlich gilt, dass Vergütungen, die über einen Aufwandsersatz nach § 670 BGB hinausgehen, nur zulässig sind, wenn die Satzung entsprechende Regelungen enthält.

Je nach Satzung ist ggf. ein Mitgliederbeschluss erforderlich, um dem Ehrenamt zum Steuerfreibetrag zu verhelfen. Ist in der Satzung geregelt, dass die Organe der Körperschaft „ehrenamtlich" oder „unentgeltlich" tätig sind, darf die Ehrenamtspauschale nicht ausbezahlt werden. Haben die früheren BMF-Schreiben nur die Streichung des Wortes „ehrenamtlich" für die Auszahlung der Ehrenamtspauschale verlangt, so hat das BMF-Schreiben vom 22.4.2009 (DB 2009 S. 987) völlig überraschend die Auszahlung von einer positiven Bestimmung abhängig gemacht. Danach ist eine Zahlung an Vereinsfunktionäre für den Zeitaufwand nur gemeinnützigkeitsrechtlich unschädlich, wenn die Satzung dies ausdrücklich erlaubt. In die Satzung ist deshalb z. B. folgende Formulierung aufzunehmen:

---

§ x Organe des Vereins

(1) Organe des Vereins sind der Vorstand, der Hauptausschuss und die Mitgliederversammlung.

(2) Die Mitglieder des Vorstandes und des Hauptausschusses haben Anspruch auf Ersatz der ihnen entstandenen notwendigen Auslagen und Aufwendungen. Für den Zeitaufwand dieser Funktionäre kann die Mitgliederversammlung eine in ihrer Höhe angemessene Vergütung beschließen. (*Bei größeren Vereinen:* Bei Bedarf kann ein hauptamtlicher Vorstand oder Geschäftsführer bestellt werden).

oder:

(2) Die Mitglieder des Vorstandes und des Hauptausschusses haben Anspruch auf Ersatz der ihnen entstandenen notwendigen Auslagen und Aufwendungen. Für den Zeitaufwand dieser Funktionäre kann die Mitgliederversammlung eine Vergütung bis zur Höhe der Ehrenamtspauschale des § 3 Nr. 26a EStG beschließen.

Wurde aufgrund der Neuregelung bisher die Ehrenamtspauschale an Vorstandsmitglieder ausbezahlt, obwohl die Satzung eine ehrenamtliche Tätigkeit des Vorstandes vorschreibt, wird das Finanzamt nach dem o. g. BMF-Schreiben keine negativen Schlüsse ziehen, wenn

1. die Zahlungen nicht unangemessen hoch gewesen sind (§ 55 Abs. 1 Nr. 3 AO)

und

2. die Mitgliederversammlung bis zum 31.12.2010 eine Satzungsänderung beschließt, die Tätigkeitsvergütungen zulässt. An die Stelle einer Satzungsänderung kann ein Beschluss des Vorstandes treten, künftig auf Tätigkeitsvergütungen zu verzichten (BMF-Schreiben vom 14.10.2009, DStR 2009, S. 2254).

Da der Verein die Erfüllung der Anforderungen an die neue Ehrenamtspauschale nachweisen muss, empfiehlt sich, nicht nur die Zahlungen zu dokumentieren, sondern auch die Art und den Umfang der Tätigkeit schriftlich festzuhalten.

7.5.8 Auszahlung an Arbeitnehmer

Die begrenzte steuerliche Freistellung der Entschädigung an den genannten Personenkreis vereinfacht für die Körperschaft und die begünstigten Empfänger die verwaltungsmäßige Abwicklung solcher Vergütungen. Bei unselbstständig Tätigen entfällt ein Lohnsteuer- und Sozialversicherungsbeitragsabzug, soweit die Jahresbezüge 500 € nicht übersteigen. Allerdings muss der Arbeitnehmer dem Verein schriftlich versichern, dass er die Aufwandsentschädigung nicht bereits bei anderen Arbeitgebern in Anspruch nimmt. Die Bestätigung ist zum Lohnkonto zu nehmen.

Die Körperschaft kann entweder Arbeitslöhne bis 500 € unversteuert lassen und danach die allg. Lohnsteuer- und Sozialversicherungsregelungen anwenden oder sie kann bei Arbeitnehmern, die laufend beschäftigt werden, pro Monat 41,66 € unversteuert und ohne Sozialversicherungsabzug ausbezahlen.

Bei Arbeitnehmern ist besonders zu beachten, dass

- andere Steuerbefreiungsvorschriften (z. B. § 3 Nr. 13, 16 und 50 EStG) unberührt bleiben und bei Arbeitnehmern zusätzlich in Anspruch genommen werden können (Ausnahme § 3 Nr. 12 und 26 EStG),
- der Arbeitnehmer-Pauschbetrag von 920 € (§ 9a Satz 1 Nr. 1a EStG) aus Vereinfachungsgründen zusätzlich gewährt wird, wenn kein weiteres Arbeitsverhältnis vorliegt,
- bei der Pauschalierung der Lohnsteuer nach § 40a EStG die steuerfreie Aufwandsentschädigung nach § 3 Nr. 26 EStG sowohl für die Feststellung, ob die in § 40a EStG genannten Grenzen eingehalten sind, als auch für die Lohnsteuererhebung selbst außer Betracht bleibt. Dies gilt auch für die Beurteilung, ob ein sog. Minijob vorliegt.

Beispiel:

Ein nebenberuflicher Zeugwart erhält von einem Sportverein monatlich 440 € Arbeitslohn. Zusätzlich werden ihm noch Reisekosten für Auswärtsspiele in Höhe von 60 € gewährt.

Einnahmen	500,00 €
./. steuerfreie Reisekosten § 3 Nr. 16 EStG	- 60,00 €
./. Ehrenamtspauschale § 3 Nr. 26a EStG	- 41,66 €
Stpfl. Einkünfte § 19 EStG	**398,34 €**

Der Verein kann die Tätigkeit als Minijob behandeln und pauschale Lohnsteuer und Sozialversicherungsbeiträge abführen.

7.5.9 Rückspende an den Verein

Viele Vereine gewähren ihren zahlreichen Funktionären eine einheitliche Vergütung genau in Höhe der Ehrenamtspauschale, die dann von den Funktionären wieder zurückgespendet wird.

Wird die Ehrenamtspauschale am Ende des Jahres an die Funktionäre ausbezahlt und spendet der Funktionär diesen Betrag an die Körperschaft zurück, ist gegen die Ausstellung einer Zuwendungsbestätigung nichts einzuwenden. Viele Vereine zahlen die Ehrenamtspauschale jedoch nicht aus, sondern bedienen sich der sog. Aufwandsspende (vgl. § 10b Abs. 3 Sätze 4 und 5 EStG). Eine Aufwandsspende, bei der kein Geld fließt, sondern die Zahlung nur innerhalb der Buchhaltung von „Ausgaben Pauschaler Aufwandsersatz Funktionäre" auf „Einnahmen Spenden" umgebucht wird, ist nur unter folgenden Voraussetzungen zulässig (vgl. BMF-Schreiben vom 7.6.1999, BStBl. I S. 591):

- Der Spender muss gegenüber der steuerbegünstigten Körperschaft einen Rechtsanspruch auf Auslagenersatz oder Vergütung haben, so dass er die Auszahlung der entsprechenden Beträge tatsächlich verlangen und rechtlich durchsetzen kann.
- Der Anspruch muss sich dabei aus der Satzung, aus einem Vertrag oder auf Grund eines Vorstandsbeschlusses ergeben.
- Für die Anerkennung eines Aufwendungsersatzanspruches aufgrund eines Vorstandsbeschlusses ist zusätzlich erforderlich, dass der entsprechende Beschluss den Mitgliedern in geeigneter Weise bekannt gemacht worden ist. Eine nachträgliche rückwirkende Begründung von Ersatzpflichten durch den Zuwendungsempfänger, z. B. durch eine rückwirkende Satzungsänderung, reicht nicht aus.
- Aufwendungsersatzansprüche aus einer auf einer entsprechenden Satzungsermächtigung beruhenden Vereinsordnung (z. B. Reisekostenordnung) sind Ansprüche aus Satzungen i. S. des § 10b Abs. 3 Satz 4 EStG.
- Auf die Auszahlung des Erstattungsanspruchs muss nachträglich zeitnah verzichtet werden.
- Der Anspruch darf nicht unter der Bedingung des Verzichts eingeräumt worden sein.

Aufwendungsersatzansprüche müssen ernsthaft eingeräumt sein und dürfen gemäß § 10b Abs. 3 Satz 5 EStG nicht unter der Bedingung des Verzichts stehen. Wesentliches Indiz für die Ernsthaftigkeit von Aufwendungsersatzansprüchen ist die wirtschaftliche Leistungsfähigkeit der Körperschaft. Diese muss ungeachtet des späteren Verzichts in der Lage sein, den geschuldeten Aufwendungsersatz zu leisten. Die vorstehenden Grundsätze gelten entsprechend, wenn der Aufwendungsersatz nach einer vorhergehenden Geldspende ausgezahlt wird.

Bei dem Verzicht auf den Ersatz der Aufwendungen handelt es sich nicht um eine Spende des Aufwands, sondern um eine Geldspende, bei der entbehrlich ist, dass Geld zwischen dem Zuwendungsempfänger und dem Zuwendenden tatsächlich hin und her fließt. In der Zuwendungsbestätigung ist deshalb eine Geldzuwendung zu bescheinigen.

Für die Höhe der Zuwendung ist der vereinbarte Ersatzanspruch maßgeblich; allerdings kann ein unangemessen hoher Ersatzanspruch zum Verlust der Gemeinnützigkeit des Zuwendungsempfängers führen (§ 55 Abs. 1 Nr. 3 AO). Ein Schriftführer, der nur 2 Protokolle im Jahr verfasst, würde bei voller Auszahlung der Ehrenamtspauschale sicherlich eine unangemessen hohe Vergütung erhalten.

7.6 Steuerbefreiung für nebenberuflich tätige Übungsleiter, Ausbilder, Erzieher (§ 3 Nr. 26 EStG)

7.6.1 Allgemeines

Einnahmen aus nebenberuflichen Tätigkeiten als Übungsleiter, Ausbilder, Erzieher, Betreuer oder vergleichbaren nebenberuflichen Tätigkeiten, aus nebenberuflichen künstlerischen Tätigkeiten oder der nebenberuflichen Pflege alter, kranker oder behinderten Menschen zur Förderung gemeinnütziger, mildtätiger oder kirchlicher Zwecke im Dienst oder Auftrag einer juristischen Person des öffentlichen Rechts oder einer steuerbegünstigten privatrechtlichen Körperschaft sind bis zur Höhe von insgesamt 2.100 € (bis 31.12.2006: 1.848 €) im Jahr von der Einkommensteuer (Lohnsteuer) befreit. Das gilt gleichermaßen für selbstständig (freiberuflich) ausgeübte wie für unselbstständig wahrgenommene nebenberufliche Tätigkeiten. Die Übungsleiterpauschale wirkt deshalb wie ein Freibetrag, der von den Einahmen aus diesen Tätigkeiten abgezogen werden kann.

Die Befreiung gilt auch für die Sozialversicherungspflicht nach § 14 Abs.1 SGB IV.

7.6.2 Anspruchsberechtigte

Die Übungsleiterpauschale können zunächst Übungsleiter, Ausbilder, Erzieher oder Personen erhalten, die eine vergleichbare nebenberufliche Tätigkeit durchführen. Diese Personen haben miteinander gemeinsam, dass Sie auf andere Menschen durch persönlichen Kontakt Einfluss nehmen, um auf diese Weise deren geistige und körperliche Fähigkeiten zu entwickeln und zu fördern (vgl. R 3.26 Abs. 1 LStR 2008). Hierzu gehört insbesondere die Tätigkeit als:

- Sporttrainer
- Dirigent, Chorleiter, Musiklehrer
- Arzt im Behinderten- und Koronarsport
- Erste-Hilfe-Ausbilder
- Lehrbeauftragter an Hochschulen und Volkshochschulen
- Dozent bei Steuerberaterkammern, IHKs oder Handwerkskammern
- Prüfer oder Korrektor von Klausuren (z. B. Steuerberaterprüfung).

Eine besondere Prüfung oder eine Lizenz ist nicht erforderlich. Seit 2000 gehört auch der Betreuer zu den begünstigten Personen. Hierbei handelt es sich jedoch nicht um den Betreuer im Sinne des Betreuungsrechts des BGB, sondern um Personen mit direktem, pädagogisch ausgerichtetem Kontakt zu den von ihnen betreuten Menschen. Dies sind insbesondere Mannschaftsbetreuer und Jugendleiter im Sport, aber auch Ferienbetreuer und Schulwegbegleiter.

Seit 1990 fällt auch die nebenberufliche Pflege alter, kranker oder behinderter Menschen unter die Vergünstigung. Dies beinhaltet insbesondere folgende Tätigkeiten:

- Die häusliche Betreuung durch ambulante Pflegedienste,
- die Altenhilfe,
- Sofortmaßnahmen gegenüber Schwerkranken und Verunglückten, z. B. Rettungssanitäter und Ersthelfer im Rahmen nebenberuflicher Hilfsdienste,
- die Zubereitung von Mahlzeiten und Hilfeleistungen bei der Einnahme von Medikamenten und Mahlzeiten. Dies gilt auch für die Hilfeleistungen beim An- und Auskleiden sowie sonstige Hilfsdienste wie Einkaufen oder das Erledigen des Schriftverkehrs,
- Tätigkeit als Krankenschwester in einem Krankenhaus,
- Tätigkeiten in Bahnhofsmissionen oder Telefonseelsorge.

Seit 1991 wird auch die nebenberufliche künstlerische Tätigkeit von § 3 Nr. 26 EStG erfasst. Darunter fallen insbesondere:

- Sänger und Musiker,
- Organisten,
- Schauspieler eines Theatervereins,
- Komparsen und Statisten.

Nicht unter die Begünstigung des § 3 Nr. 26 EStG fallen die Tätigkeiten von:

- Vorsitzender, Schatzmeister, Kassenwart, Schriftführer,
- Bürokraft für Buchhaltung, Mitgliederverwaltung,
- Platzwart, Zeugwart,
- Ordner,
- Bereitschaftssanitäter bei Veranstaltungen,
- Schiedsrichter,
- Sportler,
- Hunde- oder Pferdetrainer.

Diese Personen können jedoch evtl. die neue Ehrenamtspauschale nach § 3 Nr. 26a EStG in Anspruch nehmen.

Erzielt ein Steuerpflichtiger Einnahmen, die teils für eine nach § 3 Nr. 26 EStG begünstigte Tätigkeit und teils für eine andere Tätigkeit bezahlt werden, ist lediglich für den entsprechenden Anteil nach § 3 Nr. 26 EStG der Freibetrag zu gewähren. So werden bei Rettungssanitätern im Rettungs- und Krankentransport nur 70 %, bei Behindertentransporten nur 50 % der Vergütungen von der Finanzverwaltung als begünstigt angesehen.

7.6.3 Umfang der Tätigkeit

Nach § 3 Nr. 26 EStG werden wie in § 3 Nr. 26a EStG nur nebenberufliche Tätigkeiten begünstigt (s. hierzu Tz. 7.5.2).

7.6.4 Förderung steuerbegünstigter Zwecke

Vergütungen sind nur dann steuerfrei, wenn die Tätigkeit zur Förderung gemeinnütziger, mildtätiger oder kirchlicher Zwecke im Dienst oder Auftrag einer Körperschaft des öffentlichen Rechts oder einer steuerbegünstigten Körperschaft des privaten Rechts ausgeübt wird (s. hierzu Tz. 7.5.4).

7.6.5 Berücksichtigung auch bei kurzfristiger Beschäftigung

Die Übungsleiterpauschale ist ein Jahresbetrag, der auch bei einer nur vorübergehenden Tätigkeit in voller Höhe in Anspruch genommen werden kann. Der Betrag ist aber nicht tätigkeits- sondern personenbezogen, d. h., dass er auch bei verschiedenen begünstigten Tätigkeiten für mehrere Körperschaften nur einmal im Kalenderjahr gewährt wird.

7.6.6 Berücksichtigung bei selbstständiger Tätigkeit

Von den begünstigten Einnahmen kann die Übungsleiterpauschale als Betriebsausgabenpauschale in Abzug gebracht werden. Mit der nebenberuflichen Tätigkeit unmittelbar zusammenhängende tatsächlich angefallene Betriebsausgaben dürfen nur abgezogen werden, soweit sie die Übungsleiterpauschale übersteigen.

Beispiel:

Ein nebenberuflicher Trainer erhält von einem Sportverein 6.000 € im Kalenderjahr. Im Zusammenhang mit der Tätigkeit erwachsen ihm 2.500 € Aufwendungen (Fahrtkosten, Telefon, Sportkleidung). Es liegen selbstständige Einkünfte vor, da der Trainer nur max. 6 Stunden im Wochendurchschnitt für den Verein tätig ist und ein Mustervertrag des Deutschen Olympischen Sportbundes (DOSB) abgeschlossen wurde. *(Der Vertragstext kann auf den Internet-Seiten des DOSB (www.dosb.de/de/service/download-center/recht) heruntergeladen werden. Wird der Vertrag entsprechend den dort vorgeschlagenen Formulierungshilfen geschlossen und halten sich die Vertragspartner an die Vorgaben, liegt (auch sozialversicherungsrechtlich) eine selbstständige Tätigkeit vor.)*

Einnahmen   6.000 €

./. Übungsleiterfreibetrag   - 2.100 €
./. Betriebsausgaben 2.500 € - 2.100 € =   - 400 €

Einkünfte aus § 18 EStG   3.500 €

Der Übungsleiter hat diese Einkünfte in seiner Einkommensteuererklärung in der Anlage GSE anzugeben.

7.6.7 Auszahlung an Arbeitnehmer

Die begrenzte steuerliche Freistellung der Entschädigung an den genannten Personenkreis vereinfacht für die Körperschaft und die begünstigten Empfänger die verwaltungsmäßige Abwicklung solcher Vergütungen. Bei unselbstständig Tätigen entfällt ein Lohnsteuer- und Sozialversicherungsbeitragsabzug, soweit die Jahresbezüge 2.100 € nicht übersteigen. Allerdings muss der Übungsleiter dem Verein schriftlich versichern, dass er die Aufwandsentschädigung nicht bereits bei anderen Arbeitgebern in Anspruch nimmt. Die Bestätigung ist zum Lohnkonto zu nehmen.

Die Körperschaft kann entweder Arbeitslöhne bis 2.100 € unversteuert lassen und danach die allg. Lohnsteuer- und Sozialversicherungsregelungen anwenden oder sie kann bei Arbeitnehmern, die laufend beschäftigt werden, pro Monat 175 € unversteuert und ohne Sozialversicherungsabzug ausbezahlen.

Bei Arbeitnehmern ist besonders zu beachten, dass

- andere Steuerbefreiungsvorschriften (z. B. § 3 Nr. 12, 13, 16, und 50 EStG) unberührt bleiben und bei Arbeitnehmerübungsleitern zusätzlich in Anspruch genommen werden können (Ausnahme § 3 Nr. 26a EStG),
- der Arbeitnehmer-Pauschbetrag von 920 € (§ 9a Satz 1 Nr. 1a EStG) aus Vereinfachungsgründen zusätzlich gewährt wird, wenn kein weiteres Arbeitsverhältnis vorliegt,
- bei der Pauschalierung der Lohnsteuer nach § 40a EStG die steuerfreie Aufwandsentschädigung nach § 3 Nr. 26 EStG sowohl für die Feststellung, ob die in § 40a EStG genannten Grenzen eingehalten sind, als auch für die Lohnsteuererhebung selbst außer Betracht bleibt. Dies gilt auch für die Beurteilung, ob ein sog. Minijob vorliegt.

Beispiel:

Ein nebenberuflicher Musiker erhält von einem Musikverein monatlich 575 € Arbeitslohn. Zusätzlich werden ihm noch Reisekosten in Höhe von 300 € gewährt.

Einnahmen	875 €
./. steuerfreie Reisekosten § 3 Nr. 16 EStG	- 300 €
./. Übungsleiterpauschale § 3 Nr. 26 EStG	- 175 €
Stpfl. Einkünfte § 19 EStG	400 €

Der Verein kann die Tätigkeit als Minijob behandeln und pauschale Lohnsteuer und Sozialversicherungsbeiträge abführen.

7.6.8 Rückspende an den Verein

Viele Sportvereine gewähren ihren zahlreichen Übungsleitern eine einheitliche Vergütung genau in Höhe der Übungsleiterpauschale, die dann von den Übungsleitern wieder zurückgespendet wird. In den meisten Fällen erfolgt keine Auszahlung und Rückspende, sondern dem Übungsleiter wird nur eine Zuwendungsbestätigung gewährt. Grundsätzlich kann die Übungsleiterpauschale wie die Ehrenamtspauschale als sog. Aufwandsspende (vgl. § 10b Abs. 3 Sätze 4 und 5 EStG) behandelt werden.

Hierbei sind jedoch die in Tz. 7.5.9 beschriebenen Voraussetzungen unbedingt zu beachten.

7.7 Bemessungsgrundlage für die Lohnsteuer

Bemessungsgrundlage ist der steuerpflichtige Arbeitslohn. Hierbei kann es sich um Geld oder geldwerte Vorteile (Sachbezüge, Wohnung, kostenloses Essen etc.) handeln. Es ist gleichgültig, ob es sich um einmalige oder laufende Einnahmen oder Vorteile handelt.

7.8 Pflichten als Arbeitgeber

Liegt ein Dienstverhältnis vor, so hat der Verein die Pflicht, den Steuerabzug vom steuerpflichtigen Arbeitslohn vorzunehmen und die einbehaltene Lohn- und Kirchensteuer an das Finanzamt abzuführen. Der Verein kann z. B. mit seinen Arbeitnehmern nicht vereinbaren, dass diese ihre lohnsteuerlichen Verpflichtungen mit dem Finanzamt selbst regeln. Eine solche Vereinbarung wäre steuerrechtlich ohne Bedeutung und könnte die Haftung des Vereins nicht ausschließen.

Die Anmeldung der Lohnsteuer im elektronischen Verfahren (ELSTER) sowie die Überweisung der Lohnsteuer an das Finanzamt, haben unaufgefordert bis zu folgenden Terminen zu erfolgen:

- monatlich bis zum 10. des Folgemonats, wenn die Lohnsteuer im vorausgegangenen Kalenderjahr mehr als 4.000 € (bis 31.12.2008: 3.000 €) betrug,
- quartalsweise bis zum 10. des auf das Quartal folgenden Monats, wenn die Lohnsteuer im vorangegangenen Kalenderjahr zwischen 1.000 € (bis 31.12.2008: 800 €) und 4.000 € betrug,

- jährlich zum 10. Januar des Folgejahres, wenn die Lohnsteuer im vorausgegangenen Kalenderjahr nicht mehr als 1.000 € (bis 31.12.2008: 800 €) betrug.

7.9 Neuregelung bei der Sozialversicherung

Entgegen ihrer früheren Auffassung vertreten die Sozialversicherungsträger nunmehr die Rechtsauffassung, dass nebenberufliche Übungsleiter in Sportvereinen dann selbstständig tätig sind und nicht der Sozialversicherungspflicht unterliegen, wenn

- die Vergütung nicht mehr als 575 € beträgt (bis 2007: 554 €)
- und sich aus einem schriftlichen Vertrag eindeutig eine selbstständige Tätigkeit ergibt (selbstständige Leitung der Übungsstunde, kein Urlaub, keine Lohnfortzahlung etc.).

Vereinen, die mit Übungsleitern auf selbstständiger Basis zusammenarbeiten möchten, empfehlen die Sozialversicherungträger, die Eckpunkte der Zusammenarbeit schriftlich festzuhalten. Hierzu hat der Deutsche Olympische Sportbund (DOSB) in Abstimmung mit den Trägern der Sozialversicherung einen Mustervertrag für nebenberuflich selbstständige Übungsleiter entwickelt. Der Vertragstext kann auf den Internet-Seiten des DOSB (www. dosb.de—* Service —* Downloads -» Recht) heruntergeladen werden. Wird der Vertrag entsprechend den dort vorgeschlagenen Formulierungshilfen geschlossen und halten sich die Vertragspartner an die Vorgaben, können sie sicher sein, dass der Übungsleiter nicht abhängig Beschäftigter des Vereins wird.

Ein Vertrag für sich allein – womöglich mit dem Inhalt „der Übungsleiter hat für seine steuerlichen und sozialversicherungsrechtlichen Abgaben selbst zu sorgen" – reicht nicht aus.

Es ist weiter zu beachten, dass mehrere selbstständige Tätigkeiten (Übungsleiter bei mehreren Vereinen) zusammen zu rechnen sind. Bei Überschreiten der o. g. Grenzen besteht für den Übungsleiter Rentenversicherungspflicht. Der Verein ist aber weiterhin nicht verpflichtet, Sozialversicherungsbeiträge abzuführen.

8   Fallstudie Ertragsteuern (VZ 2009)

Ein wegen Förderung der Jugendpflege von der Körperschaftsteuer befreiter Verein erzielt im Jahr 2009 folgende Einnahmen und tätigt folgende Ausgaben:

1. Teilnahme mit einem Stand am Stadtfest
    Einnahmen: 20.000,00 € Ausgaben: 9.500,00 €

2. Nachzahlung von Umsatzsteuer für Stadtfest 2008: 1.500,00 €

3. Einnahmen aus Mitgliedsbeiträgen: 1.500,00 €

4. Einnahmen aus einer Altmaterialsammlung (Papier): 1.190,00 €

5. Zuschuss des Landkreises für Altmaterialsammlung: 5.950,00 €

6. Ausgaben für Altmaterialsammlung: 1.000,00 €

7. Guthabenzinsen für Sparbuch: 500,00 €

8. Einnahmen aus einer genehmigten Tombola anlässlich des Stadtfestes: 10.500,00 €

9. Ausgaben für Preise der Tombola: 1.500,00 €

10. Spenden für Tombola: 3.500,00 €

11. Ausgaben für Vortrag über Gefahren des Rauschgiftkonsums: 900,00 €

12. Einnahmen aus der Cafeteria im Jugendhaus: 10.500,00 €

13. Ausgaben für Bewirtung Jugendhaus: 6.000,00 €

14. Verkauf von gespendeten Adventsgestecken beim Weihnachtsbasar: 1.500,00 €

15. Kosten eines 14-tägigen Zeltlagers für Jugendliche: 3.500,00 € (keine Einnahmen)

Lösung:

	Ideeller Bereich	Vermögens-verwaltung	Zweck-betriebe	Stpfl. wirtschaftl. Geschäftsbetrieb	
				Einnahmen	Ausgaben
1. Teilnahme mit einem Stand am Stadtfest				20.000	9.500
2. Nachzahlung von Umsatzsteuer für Stadtfest 2008					1.500
3. Einnahmen aus Mitgliedsbeiträgen	1.500				
4. Einnahmen aus einer Altmaterial-sammlung				1.190	
5. Zuschuss des Landkreises für Altmaterialsammlung				5.950	
6. Ausgaben für Altmaterialsammlung					1.000
7. Guthabenzinsen für Sparbuch		500			
8. Einnahmen aus einer genehmigten Tombola anlässlich des Stadtfestes			10.500		
9. Ausgaben für Preise der Tombola			- 1.500		
10. Spenden für Tombola	3.500				
11. Ausgaben für Vortrag über Gefahren des Rauschgiftkonsums	- 900				
12. Einnahmen aus der Cafeteria im Jugendhaus				10.500	
13. Ausgaben für Bewirtung Jugendhaus					6.000
14. Verkauf von gespendeten Adventsgestecken beim Weihnachtsbasar				1.500	
15. Kosten eines 14-tägigen Zeltlagers für Jugendliche	- 3.500				
Summe:	600	500	9.000	39.140	18.000

1) Ideeller Bereich:	steuerfrei
2) Vermögensverwaltung:	steuerfrei
3) Tombola:	steuerfrei

4) steuerpflichtiger wirtschaftl. Geschäftsbetrieb:

Einnahmen: 38.500 €

$\Rightarrow$ 35.000 €-Freigrenze überschritten

$\Rightarrow$ Überschussermittlung

Einnahmen ohne Altmaterialsammlung:	32.000,00 €
Ausgaben ohne Altmaterialsammlung:	17.000,00 €
vorläufiger Überschuss	15.000,00 €
+ Überschuss Altmaterialsammlung	
1.190 € + 5.950 € = 7.140 € x 100/119 =	
6.000 € x 5 % (Papier) =	+ 300,00 €
Überschuss = Einkommen	15.300,00 €
./. Freibetrag	5.000,00 €
zu versteuerndes Einkommen*:	10.300,00 €

Körperschaftsteuer: 10.300 € x 15 % =   **1.545,00 €**

Solidaritätszuschlag: 1.545,00 x 5,5 % =   **84,97 €**

Gewerbesteuer:

Gewinn aus Gewerbebetrieb	15.300,00 €
Abrundung	15.300,00 €
./. Freibetrag	- 5.000,00 €
	10.300,00 €
10.300 € x 3,5 % x 350 % Hebesatz =	**1.261,00 €**

Gesamte Ertragsteuerbelastung   **2.890,97 €**

---

* Die Umsatzsteuerzahllast ist noch nicht als Betriebsausgabe berücksichtigt.

9 Fallstudie Umsatzsteuer (VZ 2009)

Ein steuerbegünstigter Sportverein hat im VZ 2009 folgende Einnahmen und Ausgaben:

	Einnahmen in € brutto	Steuersatz
Mitgliedsbeiträge und Aufnahmegebühren	8.000.-	nicht
Spenden	4.000.-	steuerbar
Zuschüsse für Sportstättenbau vom Landessportbund	30.000.-	"
Zinsen aus Bankguthaben	800.-	- 0 - § 4 Nr. 8d
Mieteinnahmen Pächterwohnung	6.000.-	- 0 - § 4 Nr. 12a
Pachteinnahmen Vereinsgaststätte (Option nach § 9 UStG erklärt)	14.000.-	7 %
Tombolaerlöse aus Losverkauf	7.500.-	7 %
Eintrittsgelder Sportveranstaltungen	4.500.-	7 %
Teilnehmergebühren Volkslauf	3.000.-	- 0 - § 4 Nr. 22b
Einnahmen aus Tennisunterricht an Nichtmitglieder	1.500.-	- 0 - § 4 Nr. 22a
Einnahmen aus Festveranstaltungen	30.000.-	19 %
Einnahmen aus Trikotwerbung	10.500.-	19 %
Einnahmen aus Altmaterialsammlungen	1.000.-	19 %
Zuschuss des LRA für Altmaterialsammlung	1.000.-	19 %

Vorsteuer:	Betrag	abzugsfähig
Kauf neuer Fußbälle für die Jugendabteilung	450.-	- 0 -
Reparatur Pächterwohnung	600.-	- 0 -
Einkauf Tombola	350.-	350.-
Kauf von Rasenpflegegerät (auf entgeltliche Sportveranstaltungen entfallen 50 % der Nutzung des Sportplatzes)	950.-	475.-
Kauf von Medaillen für Volkslauf	250.-	- 0 -
Wareneinkauf für Festveranstaltung	1.900.-	1.900.-
Kauf neuer Möblierung der Vereinsgaststätte	3.600.-	3.600.-

Berechnung der Zahllast:

Umsatzsteuer 19 % 42.500 x 100/119 = 35.714 x 19 %	6.785,66 €
Umsatzsteuer 7 % 26.000 x 100/107 = 24.299 x 7 %	1.700,93 €
	8.486,59 €
abziehbare Vorsteuer	- 6.325,00 €
Zahllast	**2.161,59 €**

Literaturhinweise

Werner, Jürgen, Vereinsbesteuerung, Internetvortrag, DWS-Steuerberater-online GmbH Berlin (www.dws-steuerberater-online.de).

Werner, Jürgen, Die Stiftung, Internetvortrag, DWS-Steuerberateronline GmbH Berlin (www.dws-steuerberater-online.de).

Werner, Jürgen, Das neue Gemeinnützigkeitsrecht, Internetvortrag, DWS-Steuerberater-online GmbH Berlin (www.dws-steuerberateronline.de).

Werner, Jürgen, Die gemeinnützige GmbH, Internetvortrag, DWS-Steuerberater-online GmbH Berlin (www.dws-steuerberater-online.de).

Werner, Jürgen, Neuregelung des Spendenrechts ab 1.1.2007 – Vergünstigungen für den Spender – DWS-Merkblatt Nr. 1605

Werner, Jürgen, Neuregelung des Spendenrechts ab 1.1.2007 – Anforderungen an Vereine und Stiftungen – DWS-Merkblatt Nr. 1613

Werner, Jürgen, Die neue Übungsleiterpauschale § 3 Nr. 26 EStG, DWS-Flyer

Werner, Jürgen, Die neue Ehrenamtspauschale § 3 Nr. 26a EStG, DWS-Flyer

Werner, Jürgen, Mitgliederversammlung eines Vereins – DWS-Kommentierte Checkliste Nr. 44